図解

ライフデザインの教科書

自立をささえる
キャリア、メンタル、ファイナンス講座

出川 通｜浅賀桃子
degawa toru｜asaka momoko

言視舎

はじめに

人生設計（ライフデザイン）については、それぞれの方々の置かれた経済状況、家族状況によって多様なものとなり、どのような生き方が正しいとか望ましいということはありません。しかし人生 100 年時代の後半戦には、就業生活のあとの自立準備が必要です。

この本では具体的な「ライフデザイン」の中身を①キャリア（第一部）、②メンタル・モチベーション (第二部)、③ファイナンシャル（第三部）の３つに分類しました。また初めてライフデザインを考える方のために環境条件（日本・社会・組織・個人）と自分のロードマップに落とし込み可能なようにもしています。また最後に簡単な事例も示してあり基礎的総合的に考察した教科書となっているのも特徴です。

本書で最終的に目指すところは「雇われない人生」として特に自立・自律した働き方の「知的自営業」を検討します。その働き方の形態としては、業務契約型を中心の「頭脳を主に使った」パートナー型フリーランス、独立契約者、高度専門家、独立コンサルタントなどの個人事業主、さらに起業家（会社創業者、一人起業などを含む個人・家族経営者、独立自営業など）まで広く含みます。

著者二人は、異なった経験と視点を持っています。一人はシニアの理系男性で、企業経営マネジメントや技術全般の動向にくわしく、もう一人はミドルの文系女性で人事やメンタルヘルス、IT にくわしいという特徴をもっています。共通点はいずれもサラリーマンを経て自立し、シニアのライフデザインについて関心と興味を持っていることです。

それぞれの経験、視点、分担にもとづき、お互いに議論を重ねた成果がこの教科書になりました。まずはたたき台として、それぞれの立場で活用していただければ、これ以上の喜びはありません。

2021 年初夏、著者しるす

目次

CHAPTER 4 自立するための助走期：副業・複業のキャリアデザイン

第2部 知っておくべきメンタルヘルスとモチベーション

CHAPTER 5 メンタルヘルスの基礎：ストレスの要因とストレス反応

CHAPTER 6 メンタルヘルス不調の早期発見と予防対策

CHAPTER 7 モチベーション

第3部　生涯設計のファイナンシャルプラン（FP）

序章

生涯を愉しく働くこととは嬉しいこと！

ライフデザインの必要性と本教科書の内容と目的

「人生100年時代」というのは、まさに世界一の長寿国である日本人に、今ではぴったり・役立つキャッチフレーズになっています（下記参考注参照ください）。

この時代、医療技術と衛生環境の進化により働き活躍できる年齢が拡がる一方で、極端な少子高齢化時代、年金70歳支給開始時代が間近に迫っています。その中で、他人任せの人生では、未来の自由度と働きがいと収入を同時には得にくいところです。

特に2021年4月からのいわゆる「70歳就業確保法（高年齢者雇用安定法）」で、定年（雇用延長）が延びるとはいうものの、サラリーマンにおいては実質50歳定年時代です。その中で100歳までの「人生後半戦」をいかに働き愉しむかを考えていかないと、「働きと収入」「メンタルとモチベーション」などについて語るのは簡単ではない（単純ではない）時代にきているといえます。

本教科書におけるライフデザインの内容について紹介

「70歳就業確保法」には、雇われない（時間拘束されない）働き方として「業務委託型」、すなわちフリーランス・起業についてもふれてあります。本書はこの働き方の先取り版でもあります。ここで取り上げるのは、自立した働き方（雇われない働き方）として業務内容を自由に提案・選択できるようにしたライフデザイン（生涯設計）の考え方で整理することを目的にしています。

まずは第0部として、初めてライフデザインを考える方のために第1、2章には周囲の環境条件（日本・社会・組織・個人などの動向）の基礎をのべておきます。この辺は知っているぞ、という方は飛ばしてください。

本編としては具体的にどのように生き、働くかという「ライフデザイン」を次の3つのデザインに分類して示します。

第1部：キャリアデザインとして第3、4章では、自分の仕事の内容を時系列的に整理し自立につなげることを中心にします。

第2部：メンタル・モチベーションとしては仕事をなぜ行なうか5、6、7章にその意味と意識を明確にして精神的なダメージを防ぎ、やる気を出す考え方を取得します。

第3部：ファイナンシャル（デザイン）としては8、9、10章として、収入の可能性と限界、また税金や年金などの基本的なことを知ったうえでシミュレーションをすること、さらに自分のキャリア、生活、収入などの未来をロードマップに落とし込みができるようになっています。

最後に付録として理系、文系の13名の事例も記載してその内容イメージ図を次ページに示しました。実践的な教科書となっているのも特徴です。

（参考注：人生100年というのは、イギリスの経済学者リンダ・グラットンの本「ライフシフト（原題：THE 100years LIFE）」から来た言葉です。人生全体を四つのステージに分類し、最初の就職を「第二ステージ」と呼び2回目の就業を「第三ステージ」と呼んでいます。本書で定義する第二ステージ（人生前半戦）、第三ステージ（人生後半戦）も共通のイメージとなっています）

図表　ライフデザインの教科書全体の内容イメージ

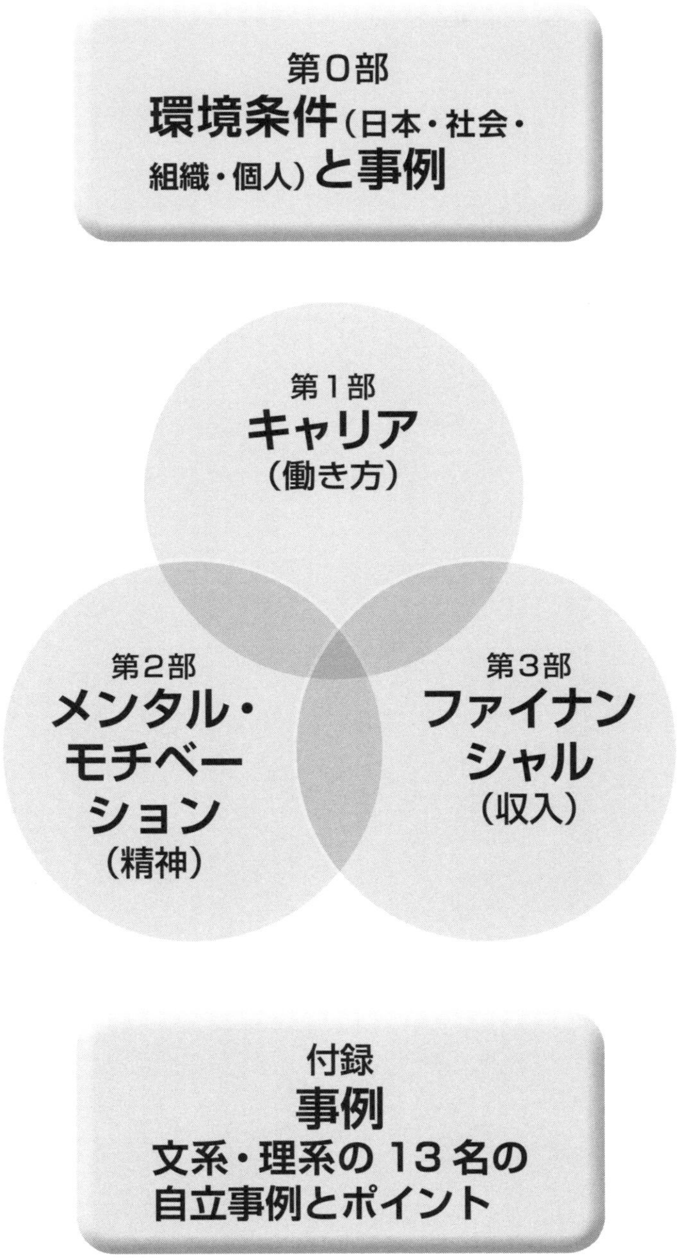

第0部
環境条件（日本・社会・組織・個人）と事例

第1部
キャリア
（働き方）

第2部
メンタル・モチベーション
（精神）

第3部
ファイナンシャル
（収入）

付録
事例
文系・理系の13名の自立事例とポイント

第０部　環境条件：ライフデザインに関する基礎的な事項

第１章

ライフデザインの基礎

知っておくべき社会環境の変化

人間、それも日本に生活しているサラリーマンを主体とする人々における環境変化として、一般的な寿命変化、日本の少子高齢化、定年延長、収入変化などについて整理していきます。まずはライフサイエンスの進展による人類の長寿命化とその社会的、経済的な日本特有の影響を取り上げ、それに対応する人生全体のライフデザインに影響する基本的なところを見ていきましょう。

第１章
ライフデザインの基礎
知っておくべき社会環境の変化

第1章　ライフデザインの基礎

1 「人生100年時代」とその背景
各国の寿命と日本のデータ

世界各国の平均寿命と日本

世界各国の平均寿命を比べてみましょう。**図表1-1**は世界各国の平均寿命一覧として上位10カ国と下位10カ国を切り出したものです。G8のいわゆる先進国における男女の平均寿命一覧ではロシア以外のいわゆるG7での平均寿命はほぼ80歳台となっています。この中で日本は一番長寿命の国として示されており、女性が87歳、男性が80歳（平均が84．2歳）となっています。逆に平均寿命が低い国については、アフリカ圏の国を中心に50歳台となっています。

これは人間関連科学（ライフサイエンス）の進化にともなう環境変化の影響の差といってもよいかもしれません。この違いによって各国の働き方にする対応は大きく変化します。現代においては世界の先進国の中でも日本が寿命のトップを走っているので、お手本がなく自分たちで考える必要があります。

日本における人生100年時代到来の経緯と現状

日本人の平均寿命の100年間推移について時系列的に整理したものが**図表1-2**です。第二次世界大戦という不幸な時期を含んで特異点はあるものの、1930年ごろから少しずつ、また1950年ごろからは急激に平均寿命が延びてきていることがわかります。

そして、まだまだ平衡（頭打ち）状態に達していないことも明確です。ということは、2050年には100歳前後まで近づいていても不思議ではありません。

日本を含めたいわゆるG7のような先進国でも100年前までは50歳前後が平均寿命だったことを考えると、この100年間、とくにこの数十年で大きく人間の寿命は伸びています。いわゆる50～60年前の常識は役立たないことになっています。1950年生まれ以降の人は、本気で人生100年のライフデザインを考え、実施する時代となってきたといえるでしょう。

日本の人口構成の変化と今後40年の見通し

日本において確実に予見できる未来として、長寿命化とともに出生率の低下が生む「少子高齢化」があります。

これまで平均寿命の話に終始していましたが、ここで、日本全体の年齢構成の推移に話を移します。**図表1-3**は日本における人口変化として少子高齢化比率の推移（1950～2060）を示しています。

このデータからは、65歳以上の高齢者比率は1970年ごろから急激に増えて、2020年ごろは一段落していることがわかります。しかし、このあと少子化という現象が起こり相対的に65歳以上の比率が大きくなることを示しています。

特に今後はいわゆる「働き手」と位置付けられていた若年層が急激に減少していくことが顕著です。

2020年の65歳以上の高齢化比率は29％ですが、2065年には38％となってきます。これまでのように15～64歳までを生産年齢人口としたら、社会が成り立たない状況がくるのです。

図表1－1　世界各国の平均寿命一覧（上位10か国と下位10か国）

上位10カ国

順位	国名・地域名	男女平均寿命（歳）[2016年]
1	日本	84.2
2	スイス	83.3
3	スペイン	83.0
4	オーストラリア	82.9
4	フランス	82.9
4	シンガポール	82.9
7	カナダ	82.8
8	イタリア	82.7
8	韓国	82.7
10	ルクセンブルク	82.5
10	ノルウェー	82.5

下位10カ国

順位	国名・地域名	男女平均寿命（歳）[2016年]
171	赤道ギニア	59.5
172	南スーダン	58.6
173	カメルーン	58.1
174	マリ	58.0
175	ソマリア	55.4
176	ナイジェリア	55.2
177	チャド	54.3
178	シエラレオネ	53.1
179	中央アフリカ共和国	53.0
180	レソト	52.9

WHO が発表した 2020 年版の世界保健統計（World Health Statistics）
https://memorva.jp/ranking/unfpa/who_whs_life_expectancy.php#:~:text=WHO%E3%81%8C%E7%99%BA%E8%A1%A8a%E3%81%97%E3%81%9F2020,%E3%81%84%E3%82%8B%E5%9B%BD%E3%81%AF28%E3%82%AB%E5%9B%BD%E3%80%82

図表1－2　日本人の平均寿命の100年間の推移

平均寿命（日本、戦前は完全生命表のみ・不連続、年）

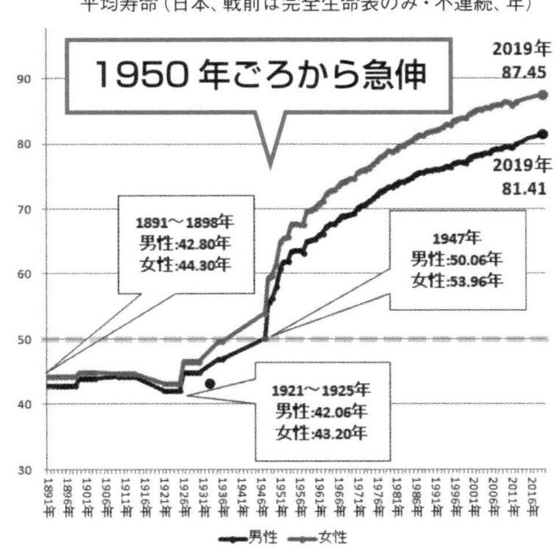

厚労省のデータをもとに作成されたガベージニュースに追記
http://www.garbagenews.net/archives/1940398.html

図表1－3　日本における人口変化予測：少子高齢化比率の推移（1950～2060）

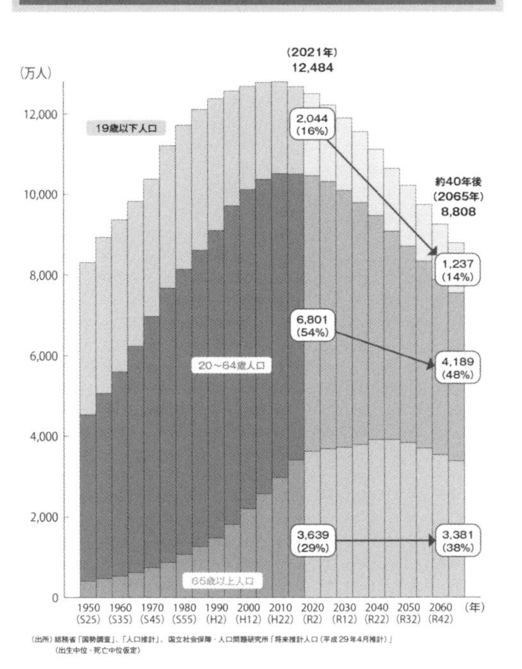

財務省 2017 資料
https://www.mof.go.jp/zaisei/reference/index.html

2 「人生100年時代」その課題への個人対応

少子高齢化に対応した逆転の発想の考え方の例

ここで、日本の人口構成のピラミッドを用いて、全体から見たマクロな視点で2050年の未来を俯瞰してみましょう。**図表1-4**に示されているように人口ピラミッドは、1950年ごろの日本では、ピラミッド型（富士山型）といわれ、また2015年では上膨れ型だったものが、2050年の未来では全体が細りながら逆ピラミッド型になっています。

このままでは、若手、中堅がシニア（老年）を支えるモデルは成り立たなくなります。可能ならば、50代以降の中堅層、さらにこれまで高齢者と呼ばれてきた65歳以上（38%）の方々のさらなる活躍が重要となります。そのためにこれまでに社会が獲得し蓄積した各種の知恵や科学技術の発展を活用して、元気な人は若手と一緒に社会をささえる新しい社会モデルが必要なことが示されます。

自分の人生を全体的なスパンから考える

新たな視点として、個人の人生と働き方という視点で、この長寿命化の環境変化をとらえてみましょう。**図表1-5**は人生60年、80年、そして100年時代の働く期間の全体を個人ベースで俯瞰し並べたものです。

人生55〜60年時代は会社での定年は50〜55歳で、いわゆる終身雇用でした（図表1-5の上段）。

人生70〜80年代は会社定年（雇用）は延長されてきましたが60歳以上の定年延長は実質的なものではありません。多くの組織では50歳あたりが実質的な定年となってきていました（図表1-5の中段）。このため、世の中は副業、複業、さらに定年後の独立起業、自営業化などが重要なポイントとして語られはじめています。しかし社会の雇用システムや年金制度などは前時代のものでした。

人生100年時代では、2030年をイメージしてますが、会社の定年延長より、第三ステージとして、自立した働き方を考える時期にきていると思われます。

人生のライフサイクルを考えたライフデザイン（LD）の基本

本書で述べるライフデザインでは人生100年時代を見据えた未来志向、長期的視点で現在の自分の人生を考えることが目的です。

昔から、人生をデザインするという考え方はあります。例えばユング（1875〜1961）は「人生の正午」という4つの時期に分ける考え方を示しています。ここでは「ライフシフト」で示された時系列的な働き方を、人生100年のライフサイクル図にはめ込んで考えていきましょう。

図表1-6は、筆者らが考案した「人生のライフサイクル（HLC）」で全体を考える上での基本的カーブに「ライフシフトの4つのステージ」を重ねた図です。人生の前半と後半の働き方をうまく示唆している考え方で、人生50年時代は前半がすべてでしたが、現在―未来の人生100年時代は主役は後半となります。本書では基本的にこのHLCをベースにしたライフデザイン（LD）の考え方を検討していきます。

図表１－４　日本の人口ピラミッドの推移（1950・2015・2050）

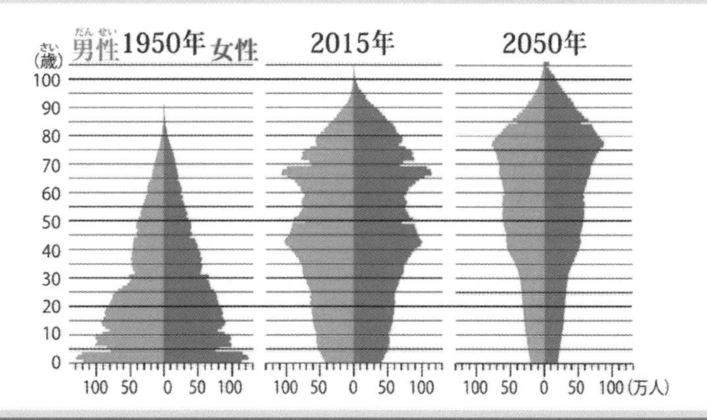

図表１－５　人生 60、80、100 年時代の働く期間の全体俯瞰

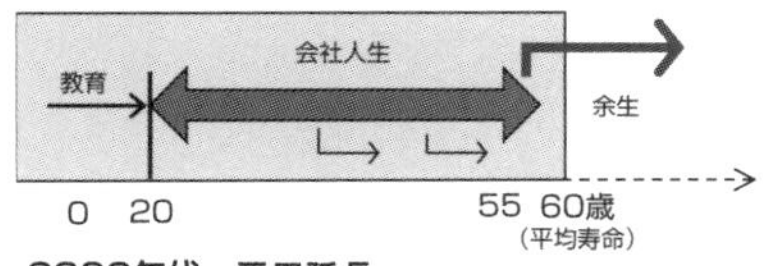

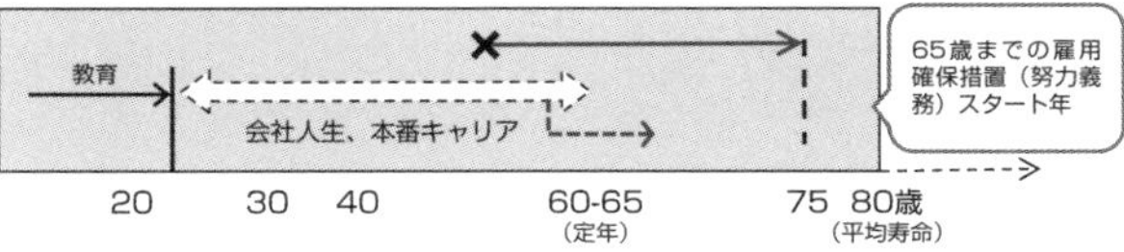

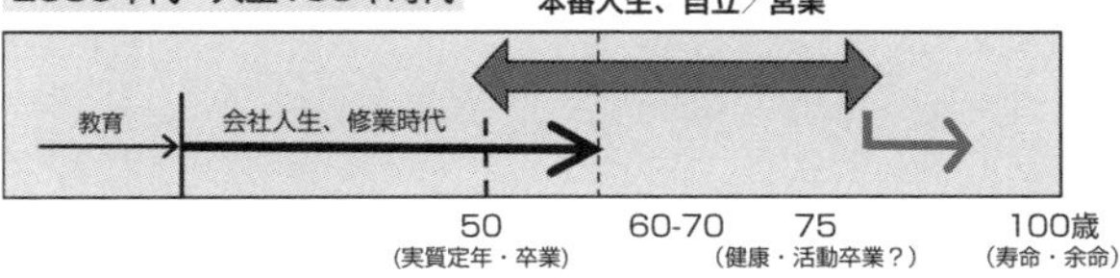

図表１－６ 人生のライフサイクル（HLC）全体を考える上での基本的カーブ例

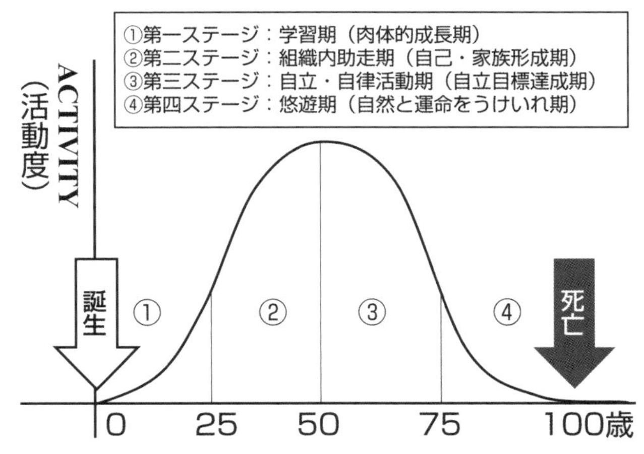

出典：出川通著『75 歳まで働き愉しむ方法、自分ロードマップで未来が見えてくる』、言視舎、2015

3 日本におけるGDP、働き方、定年延長、収入などの変化

少子高齢化の現実と、日本の経済的な環境変化（状況）

日本における失われた20年～30年という言葉があります。これを平たくいうと、経済成長が国全体として止まってしまっている現象です。自立した働き方を目指すライフデザイン上は、これらの事実をきっちり認識して対策（デザイン）を行なう必要があります。

図表1-7はIMFの2020年時点での推計値で、1980年からの日米中の現在までの名目GDPの変化を示しています。この図で明らかなように、1990年のバブル崩壊から、現在（2020年）まで30年にわたって日本経済は成長しているとはいいがたい状態です。まさに1970～1980年代生まれの人々の会社生活がこの「失われた20～30年」と重なっていることがわかります。

日本全体のGDPは30年間横ばいであるのに対して、米国は3～4倍（日本の4倍強）となっているのが現実です（もちろん、2013年には中国にも抜かれて今では中国の3分の1です）。

一人当たりのGDPはまだまだ頑張っているともいえます

1995年の名目GDPを100としたときに日本以外の米中は伸びてるのに……！という前述のデータだけだと日本は昔に比べて成長していないと見えますが、これは為替レートのいたずらも入っています。世界主要国の実質GDP、それも一人当たりベースで比較してみたのが**図表1-8**です。

名目GDPというのはドルベースで算出され、そのため円高ドル安であると名目GDPは実質の経済規模より増えたように見えるのです。

特に1995年といえば1ドル79円の超円高時代、それが反映されているためグラフでは1995年の日本が突出していたのです。他国と比較して成長率が低いということもこのグラフからは読み取れません。

このあたりも、本当に成長率が0ならば、フランスやイタリアなどに抜かれていないとおかしいともいえます。このあたりの統計データは自分自身でいろいろな視点でみていくことが必要です。

日本のサラリーマンの平均年収の推移と、高齢化に伴う収入変化

実は会社員の平均年収は統計値として、ここ30年大きな変化はありません。ここでいうサラリーマンとは従業員10人以上の企業や役所の一般労働者（フルタイム労働者）のことで、年収には賞与や時間外勤務手当や家族手当などの手当も含まれます。2000年には500万円を突破しました。その後、2001年の505万円をピークに年収は減少傾向となっています。（**図表1-9**）

また、年齢別平均年収は国税庁調査結果では50歳をピークに60歳を超えると大きく減少してきます。50代にかけて男性は上昇する一方、女性は年齢とはほとんど関係なく横ばいとなります。このことは、非正規労働者の増加、雇用延長による給料ダウン、女性の働く比率が高くなったなどの諸因子があるようです。

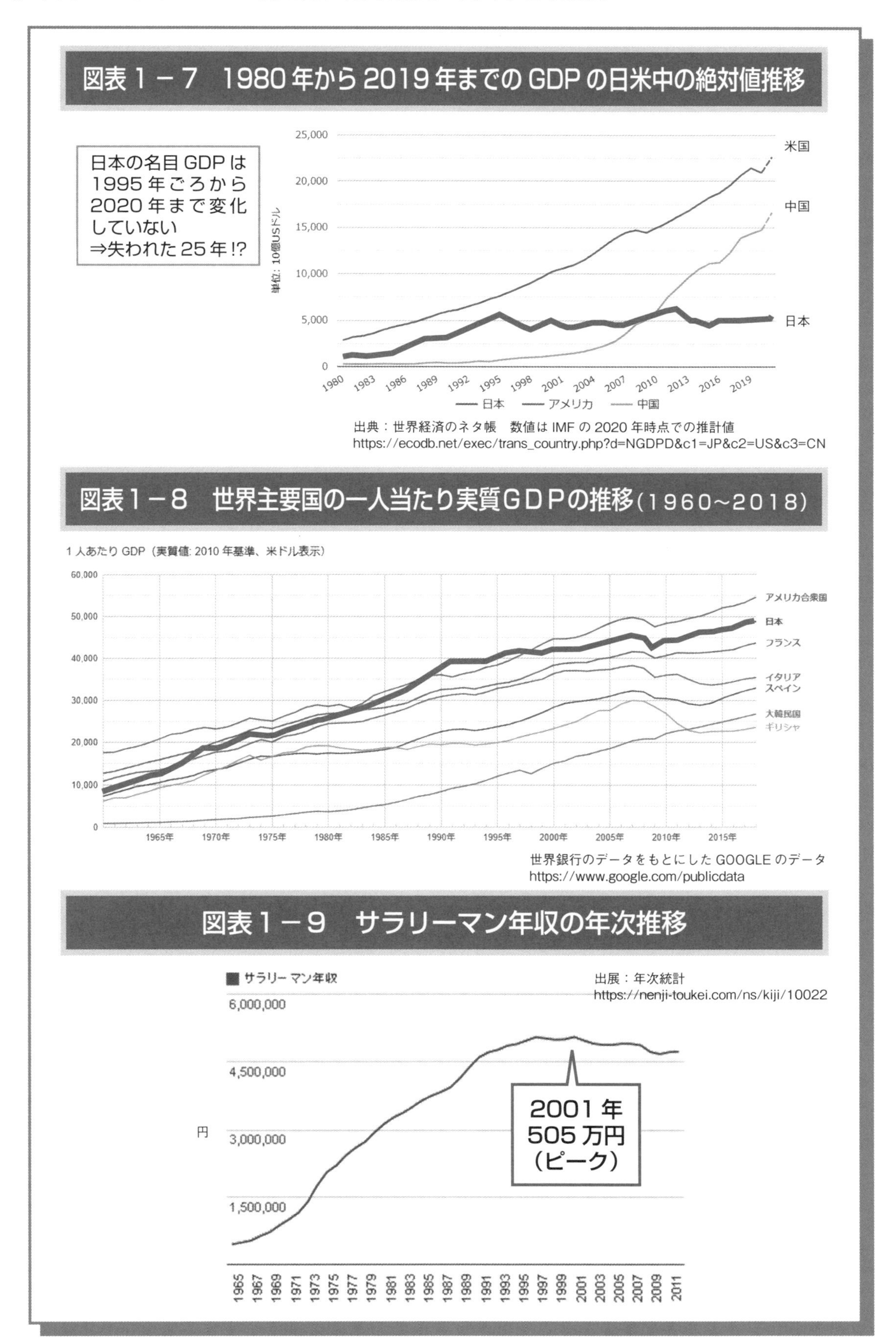
図表１－７　1980年から2019年までのGDPの日米中の絶対値推移
日本の名目GDPは
1995年ごろから
2020年まで変化
していない
⇒失われた25年!?
単位：10億USドル
米国
中国
日本
日本
アメリカ
中国
出典：世界経済のネタ帳　数値はIMFの2020年時点での推計値
https://ecodb.net/exec/trans_country.php?d=NGDPD&c1=JP&c2=US&c3=CN
図表１－８　世界主要国の一人当たり実質ＧＤＰの推移(1960~2018)
1人あたりGDP（実質値: 2010年基準、米ドル表示）
アメリカ合衆国
日本
フランス
イタリア
スペイン
大韓民国
ギリシャ
世界銀行のデータをもとにしたGOOGLEのデータ
https://www.google.com/publicdata
図表１－９　サラリーマン年収の年次推移
サラリーマン年収
出展：年次統計
https://nenji-toukei.com/ns/kiji/10022
円
2001年
505万円
(ピーク)

4 2021年の「70歳就業確保法」（高年齢者雇用安定法）の施行と対応

70歳就業確保法（高年齢者雇用安定法）の施行と本書での視点

2021年4月からいわゆる「70歳就業法」が成立施行されました。国としてもこれまでの「サラリーマン人生で完結」という一元化された働き方だけでは足りない、そのままにしておけないということです。**図表1-10**に示したように「④独立業務契約型（フリーランス、起業という自立して働く自営業的な働き方）と⑤社会貢献事業というNPOや各種法人での雇われる・設立する」が加わっています。

従来と比較してみると、よくわかります。従来の働き方に対する国側の施策は「出来るだけ定年を延長させてそのまま長く働かせる」という視点できたのですが、ついにそれだけでは無理ということで改正されたのです。70歳までの就業機会の確保のなかに、いわゆる本書でのライフデザインの目的として取り上げている「自立して働く：（知的）自営業的な働き方」があり、これを選択肢として明確化したわけです。

「業務委託契約を締結する」という働き方の本質とは

図表1-11では高年齢者雇用安定法の今回の改正と、その前の65歳までの定年・雇用延長法案の内容について比較してみました。

双方とも「雇われる働き方」として、従来通りの①定年延長・②定年廃止・③契約社員などでの継続雇用があります。今回の法案は、65歳以降については、「雇われない（自由な）働き方」として、④業務委託型、すなわち、フリーランス自営業などと主に起業も含むもの、さらに⑤社会貢献活動参加として記述されているので、この内容を改めて働く立場で再整理したものです。

ちなみに、この背景には次の3点があります。

1．人生100年時代の到来
2．少子高齢化による、日本の労働力不足と年金危機
3．非正規労働者と呼ばれる働き方が一般化

本教科書では、この中の「雇われない働き方」としてのライフデザインを検討することにありますので、④業務委託型に絞ってライフデザインを描くことを目的にします。

65歳以上の人々の働き方の実態

現在の時点での65歳以上の人の働きぶりのリアルをここでは紹介しましょう。今後は70歳までの雇用延長などをにらんでいろいろな動きが出てくると考えられますが、すでに2020年で65～69歳の48％が何らかの形で働いているといわれています（日経ビジネス2021・2・17号より）。

図表1-12に65歳以上の有業者のなかでの就業形態を示していますが、自営業として働くパターンが33％となっています。また「有業者」のなかでの役員という比率が13％。役員を雇用者ではないとすると、実に46％の人は自立した、雇われない働き方となります。逆に雇用者の中で、正規の従業員は4分の1で、全体比率では13％程度と役員と同じレベルになります。

図表１－１０　70歳就業確保法（高年齢者雇用安定法）の概要

高年齢者就業確保措置
新設・70歳まで・努力義務

① 70歳までの定年引上げ
② 70歳までの継続雇用制度の導入 （特殊関係事業主に加えて、他の事業主によるものを含む）
③定年廃止

創業支援等措置（雇用以外の措置）
（過半数組合・過半数代表者の同意を得て導入）

④高年齢者が希望するときは、70歳まで継続的に業務委託契約を締結する制度の導入
⑤高年齢者が希望するときは、70歳まで継続的に a. 事業主が自ら実施する社会貢献事業 b. 事業主が委託、出資（資金提供）等する団体が行う社会貢献事業 に従事できる制度の導入

厚労省資料管理番号：PL０２１０３高０１
https://www.mhlw.go.jp/content/11600000/000626609.pdf

図表１－１１　2021年度以降の65歳から70歳までの働き方の分類パターンとその考え方の例

旧新の違い	内容 （①―⑤は図表１－10による）	示されている名称	65歳以上の選択肢	備考
（旧） これまで施策内容（2020年まで）	雇われる働き方①②③　65歳まで希望者は何らかの雇用機会を会社で与える	従業員、雇用延長社員、契約社員など	継続雇用 転職（知人、会社経由）	60歳、65歳から準備でも間に合う（特別なライフデザインは不要）
（新） 「70歳就業確保法」で、65歳から70歳までの働き方のパターンとして追加	④雇われない働き方（仕事は続ける）	フリーランス（独立契約者、請負） 起業（目的を持った知的自営業の法人化）	自分の専門性、強み、社会的価値をベースに自由業として、またはオーナー経営者となる	40、50代での準備は必須（ライフデザインの必要性）
	⑤社会貢献事業に従事	NPO、社団・財団法人などの職員	自分の趣味や指向で社会実現と自己実現の双方を図る	非営利団体はボランティアではないので、給料が必要

本書で取り上げ、ターゲットとする部分をハイライト（網がけ）した

図表１－１２　65歳以上の有業者の就業形態

出展：統計局ホームページ / 平成29年就業構造基本調査 - 総務省統計局
https://www.stat.go.jp › data › shugyou

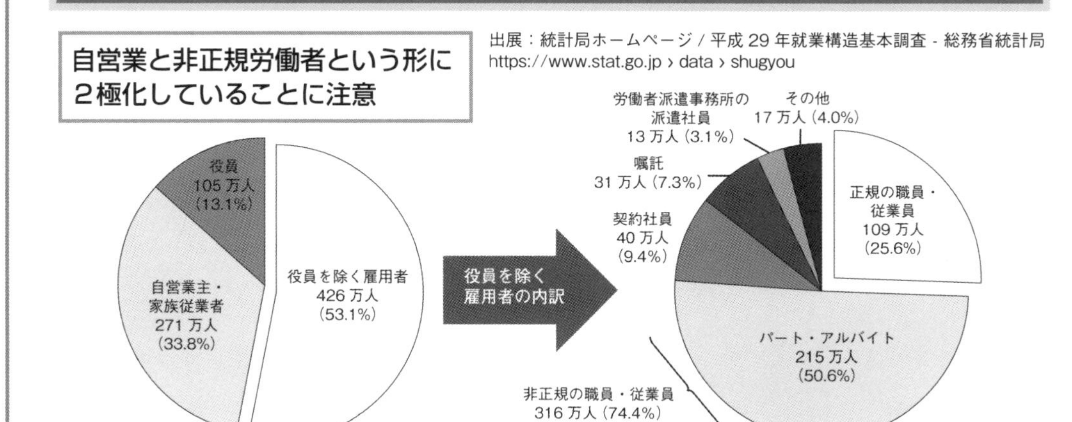

COLUMN1

高齢（シニア）サラリーマンの現実

60 歳以降の「雇われる働き方」（雇用延長型）の現実的な内容と収入レベルとは

サラリーマンの定年前後の年収レベル変化（50 － 60 － 65 歳）

一般的な「サラリ-マン」の多くは 60 歳が実質定年になっていますが、2020 年現在で中小企業で 70%、大企業では 90%近くが雇用延長型制度による働き方で 65 歳まで働いています。

ここではまずは、統計データ的な視点での 60 歳の定年をベースにみていきます。定年後の再雇用時の給料の低下に関するデータを**図表 1 － 13** に示します。60 歳からの再雇用（継続型［1 年契約更新がほとんど］・延長）では 30 ～ 50%減額が、3 分の 1、50%以上の減額が 3 分の 1 となっています。しかし実際は多くの会社で、役職定年というのが 55 歳程度のときにあり、50 歳から 55 歳が一般従業員での収入はピークとなりますので、この点要注意です。

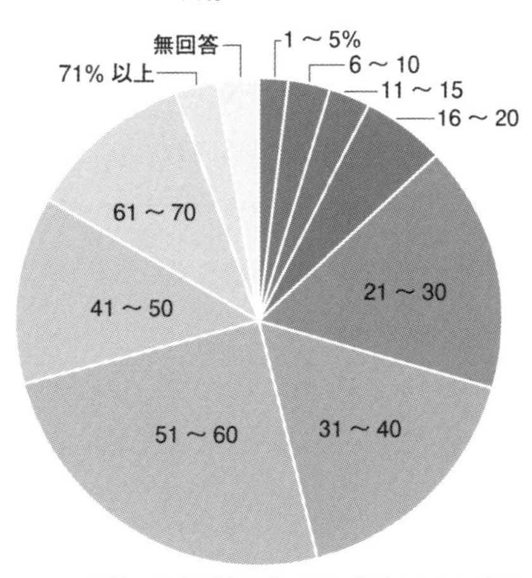

出典：労働政策研究・研修機構をもとに追記

図表 1 － 13
60 歳の定年をベースにみた再雇用の収入の低下状況（減額率）

同じ会社で働き続けた場合の 50 ～ 70 歳の年収シミュレーション例

50 歳から同じ会社で働き続けた場合の年収推移イメージをみてみましょう。通常サラリーマンの収入（年収）は一般的な統計値では 50 歳をピークにしてそのあとは減少する傾向です。

図表 1 － 14 には一般的な年収（月給）の推移の傾向を示しておきます。典型的には 65 歳までの定年延長といっても、実態は 50 ～ 55 歳が実質定年となっていることを示しています（経営者レベルの役職者は従業員でないので、この中には含まれないことは留意すべきポイントである）。

今後 70 歳定年延長となると、実態は 50 代以降、階段的に 60 歳まで、さらに上記した雇用延長でも 65 歳以上での収入曲線はさらに低下する傾向が想定されます（もちろん企業や組織の差や個人差もあるので、一概にはいえません）。

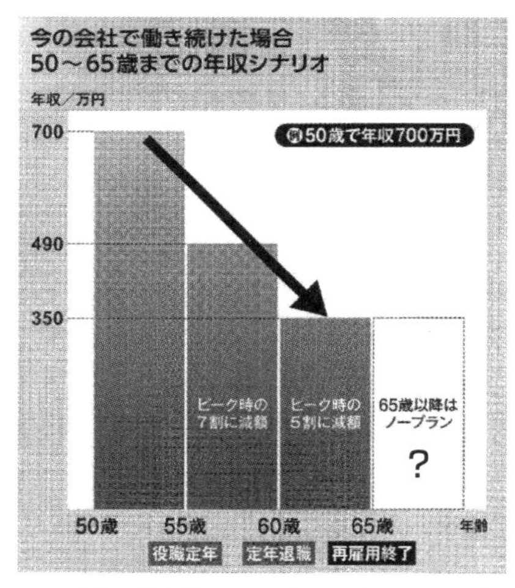

出典：雑誌「THE ２１」2020 年 6 月号に追記

図表 1 － 14　同じ会社で働き続けた場合の年収推移イメージ

第０部　環境条件：ライフデザインに関する基礎的な事項

第２章

「人生 100 年時代」の到来と人間（個人）におこる変化

昨今の技術の大きな進化と変化のなかで、まずは人間の健康・体力と、脳の働きについておさらいしましょう。さらに今後の働き方にかかわるデジタル化に象徴される変化をみていきます。ここではそれらの大きな流れとして人間個人の体力、能力、働き方（組織）、技術革新などの大きな流れを理解したく思います。

それが我々にとってどういう意味をもっているかを概観していき、自由で元気な働き方を目指す人たちに、どのように人生 100 年時代をライフデザイン的に対応するのかを考察していきます。

第２章
「人生 100 年時代」の到来と人間（個人）におこる変化

- ２－１　人間の寿命変化と個人の活動度の変化と対応
- ２－２　人間の脳の変化と個人の能力、意識の変化
- ２－３　高齢者を取り巻く組織側の論理と、雇われて働く人々の意識変化
- ２－４　社会、経済の価値変化、企業と働く人の価値観

第2章 「人生100年時代」の到来と人間（個人）におこる変化

1 人間の寿命変化と個人の活動度の変化と対応

人間の高寿命化と健康寿命の延伸

長寿命化のポイントは平均寿命が60歳時代に設計された人生設計、すなわち（企業や役所などの）組織体を勤めあげて定年となり、そこで生涯を終えるという考え方（いわゆる終身雇用）はすでに成り立たないということです。

しかし、これはわるい話ではなくて、寿命の長寿化とともに健康寿命もどんどん伸びてきていることは２０００年ごろからの厚労省のデータでも示されています。

最近でも**図表２-１**の農水省のデータでは、ここ数年は健康寿命のほうが伸びが相対的に大きくなっていることがわかります。

もう少し詳しくいうと、２０００年から16年間で3歳、さらにここ6年だけで、男性は70歳から72歳へ2歳も延びています。これは平均ですから、長生きをしようと努力している人にとっては朗報ですね！　今後もさらに医療技術の進化が進んでいるのでさらなる延びが期待されます。

体の若返り進化による、元気な長寿命社会とは？

また長寿社会では、高齢者がどんどん増えるという面だけでなく、いわゆる高齢者も体力的に若返りも見られているという良い面もあります。

厚労省の統計値では、ここ１９９２年から２００２年までの10年間で10歳、さらにその後の調査結果の２０１５年までで、さらに5歳（**図表２-２**）延びています。

このことは、現時点の２０２１年を考えると少なくともこの40年で「ほぼ15歳若返っている」と言えるでしょう。すなわち、40年前の60歳の体力はいまでは75歳に相当するということです。このような医学の発達で人類未経験の時代到来、長寿命だけでなく健康で生きられる社会がきているということは大切な認識です。

老齢化に伴う筋肉の劣化度合いの男女の違い

先ほどは若返っているという、明るいデータを出しましたが、やっぱり歳を重ねるにつれ相応の老齢化はすすんでいることも気をつけましょう。

図表２-３は、筋肉量の年齢による変化（男女差、年齢差、部位差）を示しています。人間の個人差や、男女差でのばらつきが存在しているのは事実で、例えば男性の筋肉の老化（筋肉量の減少）は50歳ごろから女性とくらべて顕著であり年齢をかさねるとさらに差が開いていきます。

この図からは特に男性の場合には60歳以降は意識した筋肉トレーニング（筋トレ）が必要になるということです。これは適切な運動というよりも、現実的に自分にも社会にも役立つ仕事でカバーできればいうことはありません。すなわち働くことで自動的に適度な肉体運動にもつながっていくことになります。

もちろんこのようなデータには個人差があり、人々には、個人個人に合ったより幅広い選択肢の中で生きていく必要が生じていることになります。

図表２－１　寿命の長寿化とともに、健康寿命の伸びもさらに大きい

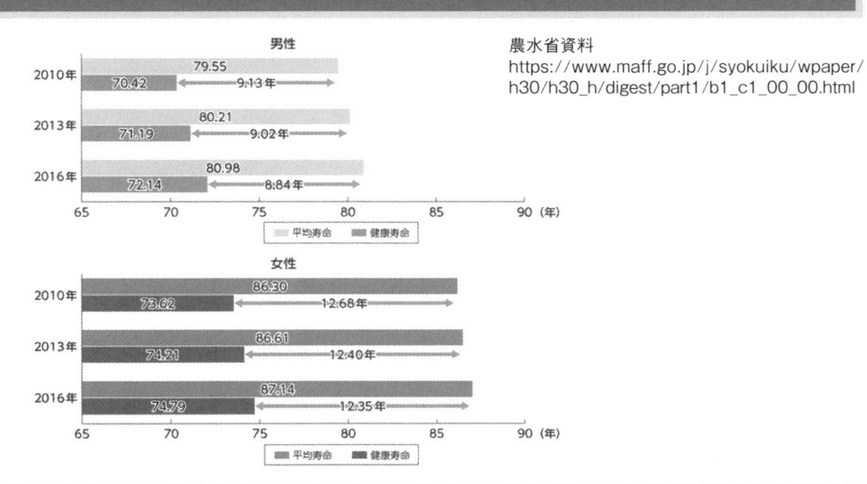

農水省資料
https://www.maff.go.jp/j/syokuiku/wpaper/h30/h30_h/digest/part1/b1_c1_00_00.html

図表２－２　体力（運動能力）テストの合計点の年次推移

高齢者（65～79）歳はどんどん若返ってきている

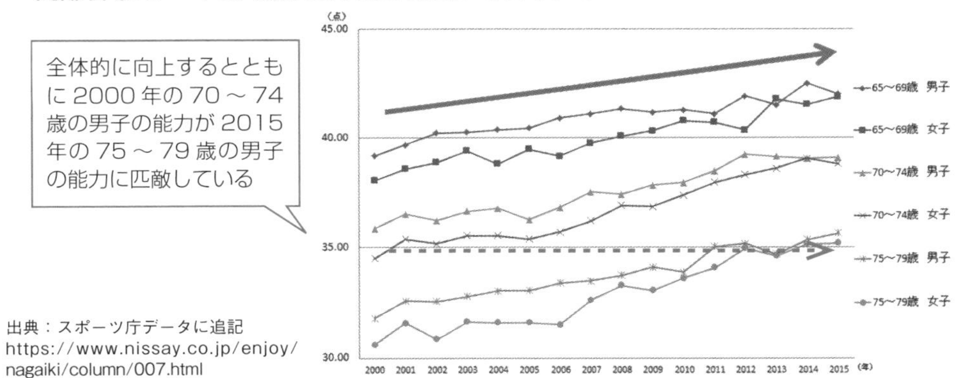

出典：スポーツ庁データに追記
https://www.nissay.co.jp/enjoy/nagaiki/column/007.html

図表２－３　筋肉量の年齢による変化（男女差、年齢差、部位差）

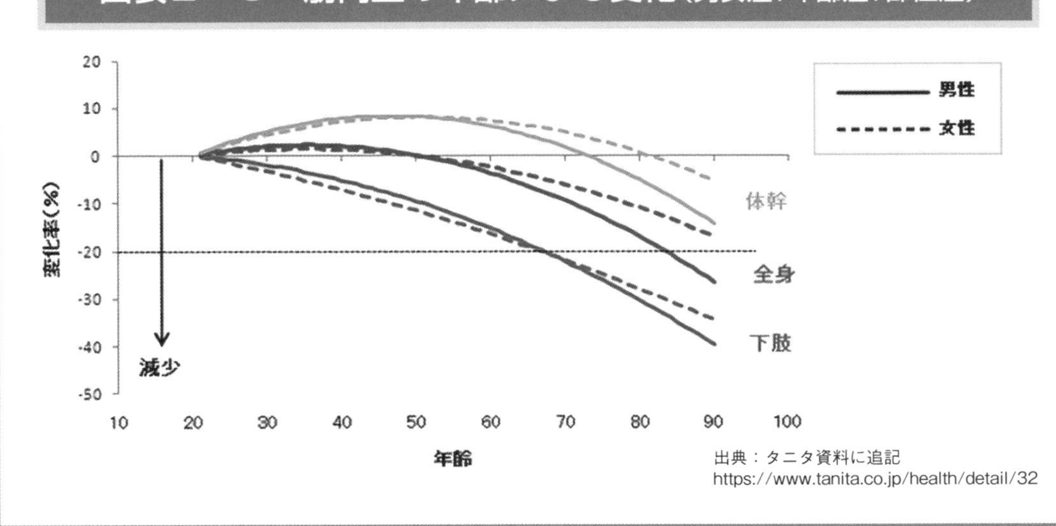

出典：タニタ資料に追記
https://www.tanita.co.jp/health/detail/32

第2章 「人生100年時代」の到来と人間（個人）におこる変化

2 人間の脳の変化と個人の能力、意識の変化

高寿命化と脳の発達と衰退

脳細胞は年を取るにしたがって、どんどん死滅するといわれるのですが、幸いなことに絶対量が多いので、うまく活性化を維持できれば歳をとってもそう心配はないということも言われています。

一方では脳は老化しない、ともいわれておりまだ明確なメカニズムは不明です。脳は老化しないという可能性のイメージが**図表2-4**となります。うまくすると50歳以降も少なくとも75歳すぎまでも脳は劣化せずにすむという人もいるということです。

また別の研究結果（注＊）でも、脳は老化しない、常に若いまま維持できるなどの報告もあります。周囲でも、75～80歳代で現役そのものという方はたくさんいらっしゃるので楽観的に考えることも必要と思います。

（注＊：WIRED NEWS(ITALIA)：脳は老化しない!?：研究結果より https://wired.jp/2013/10/09/brain-aging/）

脳に関わるライフデザインとのかかわりなど

加齢とともに記憶力は低下するといわれますが、考える力はむしろ伸びるという報告もあります。一例として6歳から80歳の1300人を対象としたワーキングメモリ調査の結果を**図表2-5**に示してあります。このデータからは一般に40歳ごろから脳力（ワーキングメモリの働き）は落ちてくるが、その後、80歳まで、大きくばらついていることが示されています。すなわち、80歳台でも20歳台と変わらない人もいるというわけです。

これらのことから、ライフデザインを設計するうえでは体力は75歳までOK。（知的）脳力は、85歳ぐらいまでは問題がない人も多いとなります。

認知症にかかりやすい職業、かかりにくい職業

認知症の問題は、まだまだ不明なところが多く、正しい対処や予防の方法は知られていませんが、参考になるいくつかのデータは存在します。なるべく認知症にならないようにするにはどのような働き方がよいのか参考になるデータを見ていきましょう（**図表2-6**）。もちろん、例外的な事象などは数多く存在し、一般論として、述べておきます。

①米国フロリダ州立大学の研究者は、認知症の発症リスクと最も強く関係していたのが「責任感」で、また、「自制心」と「勤勉さ」も認知症の予防になっていることを報告しています。

https://www.minnanokaigo.com/news/kaigo-text/dementia/no32/

②カナダのコンコルディア大学によるとアルツハイマー病にかかりやすいのは脳への刺激が少ない単純労働者とのことです。

https://gendai.ismedia.jp/articles/-/56844?page=2

③スペイン・サラゴサ大学の研究グループは、知的な要件の高い職業に従事している人のほうが、認知機能障害や認知症のリスクが低いことが示されています。

http://sbk.eimei.tv/?m=asbk_sgcolumn_co20160822&bp=asbk_sgcolumn_other

図表2－4　年齢別の脳の成長力と老化度の推移に関する2つのパターンのイメージ

脳は高齢時に人によって大きな差が出る可能性

出典：加藤俊徳先生のイメージ図の一部を引用
https://www.mugendai-web.jp/archives/8838

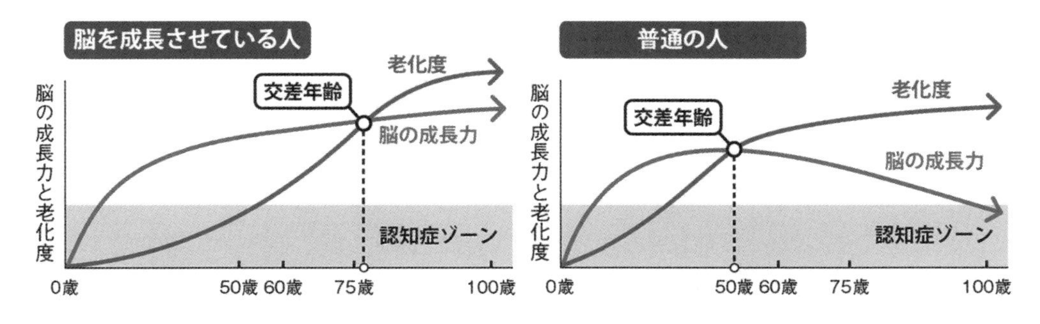

図表2－5　脳力は、80歳を超えても大丈夫な人が多くいる

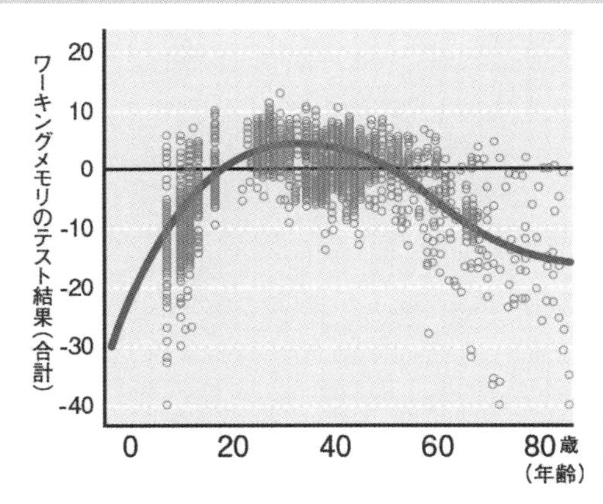

篠原菊紀教授のデータより
https://gooday.nikkei.co.jp/atcl/report/14/091100020/062200010/

図表2－6 認知症と働き方に関する参考記述とデータの整理

	調査対象者	認知症になりにくいとする例	認知症になりやすいとする例	原因・対応策など
米国フロリダ州立大学のデータ	最大6年間の期間中に1回以上の認知機能測定を実施した1万1,181件について分析	責任感が強い人はそうでもない人と比べて、発症リスクが約35%低下し、「自制心」と「勤勉さ」も認知症の予防につながる。	・責任感：少ない ・自制心：弱い ・勤勉さ：弱い	素直に、熱心にやり遂げる。家族や周囲と良い人間関係を築く、心身の健康を保つ。仕事でも趣味でも新しいことにチャレンジして、学び続け役割を任され活動的となる
カナダのコンコルディア大学のデータ	351名のライフスタイルを調査し、どういう職業がアルツハイマー病になりすいか3年調査	脳への刺激が多い複雑な仕事、考える必要が多い対人的な仕事はかかりにくい。	レジ係、工場労働者など、脳への刺激が少ない単純労働者に認知症が多い	高齢化したときのコミュニケーションの重要性、知的な会話、教え学ぶことなどが大切
スペイン・サラゴサ大学公衆衛生学のデータ	高齢者における生涯従事した主な職業と認知症や認知機能障害との関連を分析	政治家、ソーシャルワーカー、内科医、スクールカウンセラー、心理学者、牧師、作家、音楽家 数学・美術・音楽・体育などの教師は認知症になりにくい	肉体労働に生涯従事している人、また役所仕事や教員のなかのルーティン型は認知機能障害のリスクが高い	戦略を練って意欲的に活動すると脳の機能を使っていて、脳は活性化し続け大丈夫。しかし単純作業の繰り返し、安定したホワイト、ブルー従事者、機械のオペレーターなどはあまり効果はない

第2章 「人生100年時代」の到来と人間（個人）におこる変化

3 高齢者を取り巻く組織側の論理と、雇われて働く人々の意識変化

人生100年時代に、何歳まで働きたいか？

いわゆるサラリーマン「雇われる働き方」にとってのチャンスと脅威は人生100年時代の長寿命化＝高齢化です。35～64歳の男女がどう考えているかという、2013年のアンケート結果があります（**図表2-7**）。

もちろん、アンケート対象者層によって高齢化したときの働き方のイメージがそろっていないなどの問題点はあるものの働きつづける傾向は明確になっています。

基本的に70歳くらいまで働きたい人が50%、75歳以上までが30%となっています。生涯現役という希望者も27.7%ということですが、皆さんはいかがでしょうか？

高齢化における組織側のメリットとトレンド

高齢者が増えるというのは、ある意味では高度な多様性ある人材が増加することです。しかしスピードや専門性を求められる新規分野ではミスマッチを生じる場合もあります。

組織側の要求としては専門的知識や経験を持つスキルの上位者などは「ピンポイントでほしい」が、「フルタイム的には仕事がない」というのが本音です。

必要な時に、必要なだけ働いてほしく、専門度が高いほどピンポイント的ニーズになります。週3日レベルから、月1～2回レベルといったところでしょうか。

多くの企業が、企業側も法制上の組織として形の上では制度をつくっていますが、本音はそうでもないこともあります。これは企業側の内部の真のニーズにもとづかないため、矛盾と不合理な運用がなされることになるのです。

図表2-8は組織としては制度をつくったが、働く側にとっては働く時間と内容は変わらないで給料は減ったとの状況を示しています。60歳定年の延長（再雇用など）における不合理な給与の大幅ダウンなどが示されています。

働く側における高齢化に伴うメリットとトレンド

一方では、雇われる側にもいろいろな課題や要望があります。ただし、60歳程度というのは、経済、家族、周囲の環境状況などで多様性が非常に多く、あくまでも統計的なデータであることにご注意ください。

図表2-9には、いわゆるフリーランスを対象にした、調査結果が示されています。何のために働くか（モチベーション）が抽出されています。満足度が高い理由は、自由度（裁量権、時間と場所の自由度）といってもいいでしょう。

特にシニアになってくると、一般的には体力低下や好き嫌い、家族の介護などで、若い時より時間の自由度がのぞましいのかもしれません。組織に雇われて働くことを希望する限り、ミスマッチは生じます。

もちろん両者の接点と共通点が大切とするライフデザイン上は、いわゆるフリーランスと呼ばれる、副業や複業も自由（可能）となる知的な自営業が一つの到着点となる理由です。

図表2－7　人生100年時代に、何歳まで働きたいか？

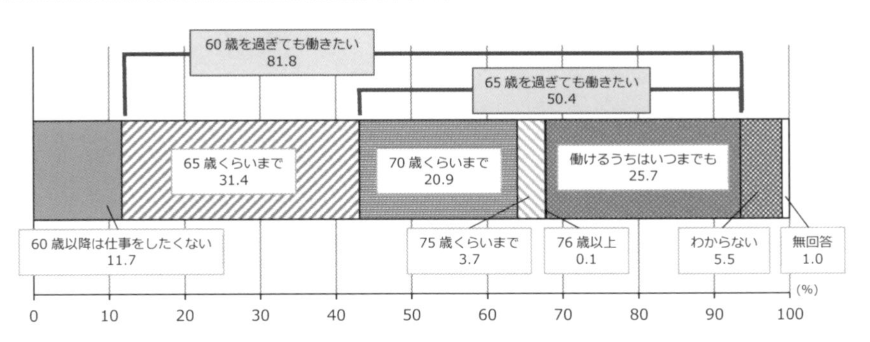

資料出所：内閣府「高齢期に向けた「備え」に関する意識調査」（平成25年）
35～64歳の男女を対象とした調査（n=2,707）
＊仕事についているか否かにかかわらず無作為抽出した男女6000人を対象に郵送調査

内閣府
https://www.mhlw.go.jp/content/11302000/000585317.pdf

図表2－8　定年後の雇用延長による働く側の変化イメージ

勤務体系は変わらず給与は下がる傾向
定年後勤務時間・日数、業務量、年収　N＝892

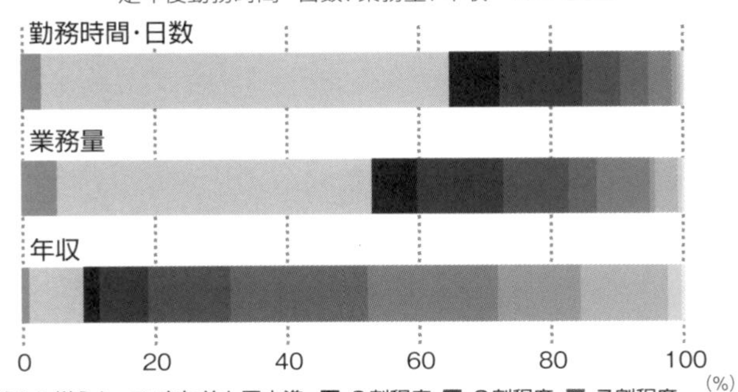

出典：日経ビジネス、2021.2.22号

図表2－9　フリーランスの働く動機と満足度

※複数回答（100%を超える）

	全体 n=503	満足度 高 (非常に満足・満足) n=475	満足度 低 (不満・非常に不満) n=28
自分の裁量で仕事をするため	**57.1**	58.9	25.0
働く時間/場所を自由にするため	**51.3**	52.4	32.1
より自分の能力/資格を生かすため	**43.7**	44.8	25.0
ワークライフバランスを良くするため	**37.4**	38.5	17.9
挑戦したいこと/やってみたいことがあるため	**34.6**	35.2	25.0
収入を増やすため	**26.2**	26.7	17.9
ライフイベントに合わせて業務量を調整するため	**24.7**	25.1	17.9
子育てとの両立のためにやむを得ず	**11.3**	10.9	17.9
自分の体調不良のため	**6.4**	6.1	10.7
会社から解雇されたため	**2.4**	2.5	-
勤め先が倒産・廃業したため	**2.4**	2.1	7.1
介護との両立のためにやむを得ず	**0.8**	0.8	-
その他	**8.2**	7.6	17.9

出典：一般社団法人プロフェッショナル＆パラレルキャリア・フリーランス協会「フリーランス白書2020」

イノベーション時代における組織の限界と経営側からの要求

今後の日本では、経営側からも「高齢従業員の自立を促す」ことが必要となってきています。なぜならば会社の組織体制は役割分担型のもので、常に新しい若い血を入れていかないと、成り立ちにくいからです。

一方で各組織では、各種プロジェクトや社内外のベンチャー創設が盛んです。これらは何らかの形での組織内での自立の練習とも言えます。組織にいるうちに、ひとつ新規事業を立ち上げること、その手段としてベンチャー的なスキルは重要です。

図表2-10にはイノベーションが起きにくい、従来のピラミッド型組織と、起こしやすいといわれるフラット型組織の比較を示しています。今後のイノベーションを起こすメンバーはフラット型に適応した、業務契約型の自立したフリーランス・起業者ということになってきます。

具体的に仕事の内容と価値はどうかわるのか?

ちなみに、2015年にNRI（野村総研）が出している資料には、AI、ロボットに代替できない（未来に残る）仕事の特徴として下記のようなことが言われています。まずは「創造性、協調性が必要な業務や、非定型な業務は、将来においても人が担う」です。具体的には「芸術、歴史学・考古学、哲学・神学など抽象的な概念を整理・創出するための知識が要求される職業、他者との協調や、他者の理解、説得、ネゴシエーション、サービス志向性が求められる職業」で、『日本の労働人口の49%が人工知能やロボット等で代替可能』となっていることも念頭に入れることが大切です。

図表2-11には、AI、ロボットで代替されやすい職種を整理した図を示してあります。ライフデザイン上、ぜひ参考にしておいてください。

ジョブ型の働き方が、フリーランス・起業を促進

ジョブ型雇用では、勤続年数や年齢ではなく個人的な能力（スキルともいう）に応じて業務と単価（給与）が決まるので、常に自己研鑽が求められます。

これまでの、雇われる働き方としてのメンバーシップ型雇用は、日本型雇用ともいわれ、仕事内容や勤務地などを限定せず、会社にマッチする人を採用するプロセスで、〝就社〟と言われていました。ジョブ型雇用が浸透することによって、欧米型の変化に対応しやすい経営環境を構築できるようになると考えられます。

図2-12には、いわゆる雇われる働き方（メンバーシップ型）と今後必要なジョブ型の比較をしてみました。ジョブ型雇用は仕事内容ごとに人を選ぶことになるので（能力やスキルで採用を判断）、明確なジョブスクリプションと呼ばれる職務記述書が必要です。

実は、このようなジョブ型体制が進むと、フリーランスとしての高度な専門家は、組織を超えて必要となります。高度であるほど、フルタイムではいらない（抱えきらない）場合が多いのです。

図表2-10 イノベーションが起きにくい組織（ピラミッド型）起きやすい組織（フラット型）

①ピラミッド（工場管理）型組織

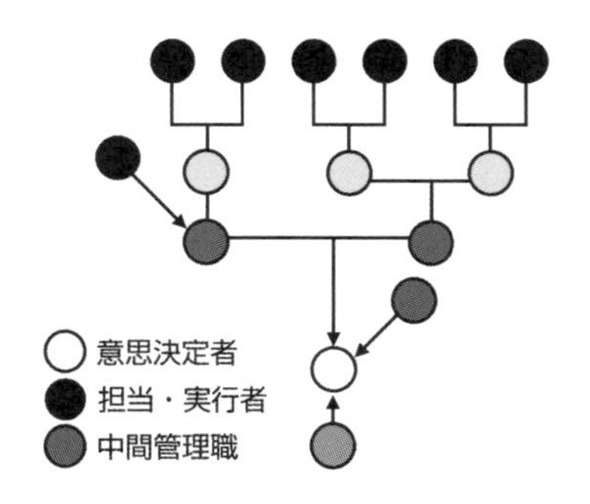

②フラット（プロジェクトマネジメント）型組織

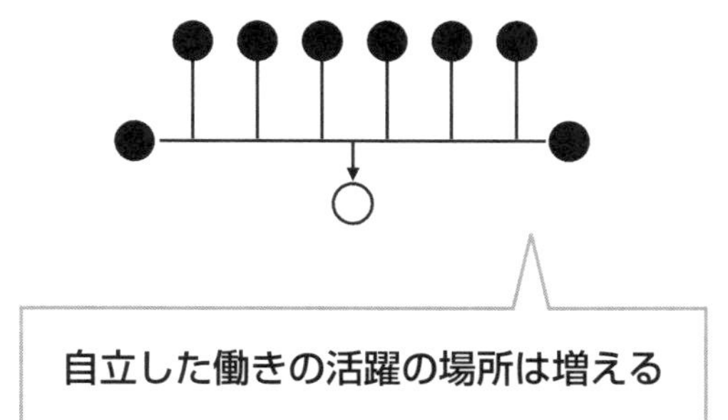

自立した働きの活躍の場所は増える

図表2-11 AI、ロボットで代替されやすい職種とは

自動化できない業務とは

大企業の本社機能の半分は人工知能による代替が可能だ

（出所）野村総合研究所の資料を基にウェッジ作成
（注）2030 年におけるバックオフィス機能のコンピュータ化可能確率の推計

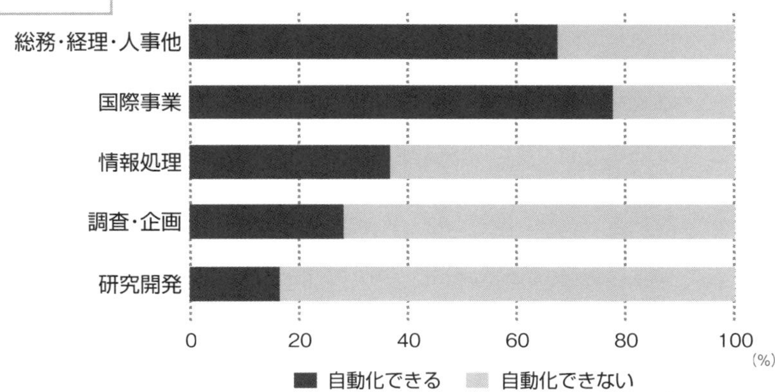

出典：WEDGE、2014 年 6 月号

図表2-12 メンバーシップ型とジョブ型の働き方などのメリットとデメリットの比較イメージ（と自立した働き方）

	メリット	デメリット	備考
メンバーシップ型	安定した雇用（年功も大切） 手厚い社員教育（OJT 教育など）	会社都合の転勤・異動（従業員側の自由度は限定） 有能な人に仕事が集中し残業時間が多い	雇われる働きかたとしてピラミッド組織との相性がよい
ジョブ型 （今後の働き方としての方向性）	ポジションに合った人材を確保（適材適所） 年齢・国籍・性別にとらわれない多様な人材が活躍 雇用主と働き手の関係がフラット（対等な契約関係）	新卒採用が存在しないので内外から調達が必要 雇用が安定していない実力主義なので、個別対応が必要	フラットな組織や自立した働き方、業務契約型のフリーランス・起業との相性はよい、リモート化にも対応している

COLUMN2

新しい生き方
知的自営業のバリエーション

ここでは自立して働くことで、自営業という意味と、いわゆるフリーランス、個人事業主などの分類定義などについて、その内容を整理しておきます。

まず**図表２－13**には、広義のフリーランスを分類してみました。本書では独立系フリーランスをライフデザインとしての仮目標として述べています。またその中の小規模事業者、すなわち個人事業主やマイクロ法人の経営者などを中心にして「知的自営業」として位置づけています。契約形態としては独立型として直接契約することをWIN-WINと考える「独立業務委託型」の内容となります。

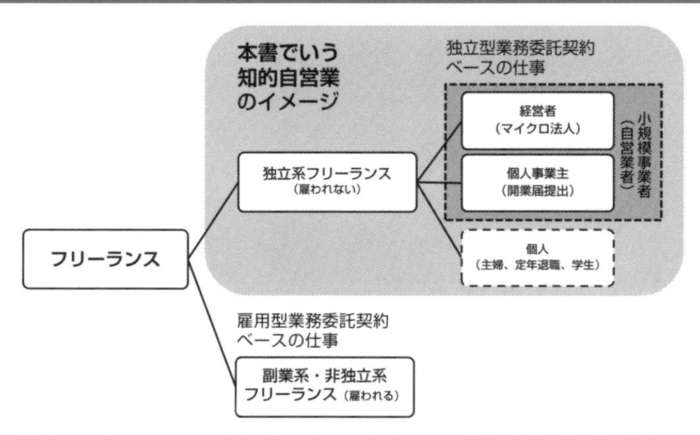

図表２－１３　フリーランスの分類イメージと知的自営業の位置づけ

働き方の分類表からみた、雇われる働き方と雇われない働き方

図表２－14の働き方の分類表は、フリーランス白書からのものです。働き方について労働者から事業者までいろいろとありますが、正規雇用以外の働き方は、自営的なものまで連続的にいろいろと変化します。そのなかの（枠をつけた）右の二つの項目「請負・委託」と「自営」の項目が、本書で対象としている自立して働くこと、すなわちフリーランス・起業とも呼んでいる分類イメージです。商法（税務処理）上の分類は、個人事業主や法人経営者などの分類にわかれます。

労働者 ←→ 事業者

	正規雇用	非正規雇用			フリーランス＝個人事業主・法人経営者・すきまワーカー（開業届無）					
			フリーター		一部に、準従属労働者を含む					
	正社員	派遣社員・契約社員	パート・アルバイト	日雇い・非常勤	偽装フリーランス	常駐フリー	事務所所属	ギグワーカー	請負・委託	自営
取引先との契約	雇用契約	雇用契約	雇用契約	雇用契約	業務委託契約	業務委託契約	マネジメント契約	利用規約	業務委託契約	業務内容による
支払い	給与	給与	給与	給与	給与〜業務委託報酬	業務委託報酬	ギャランティー	業務委託報酬	業務委託報酬	業務内容による
社会保険	企業で加入	企業で加入	勤務時間数による	個人で加入	個人で加入	個人で加入	個人で加入	個人で加入	個人で加入	個人で加入
指揮命令	あり	あり	あり	あり	あり	あり〜なし	あり〜なし	なし	なし	なし
時間・場所の制約	あり※	あり※	あり※	あり※	あり※	あり※〜なし	なし	なし	なし	なし
報酬の値決めの裁量	なし	なし	なし	なし	なし	あり〜なし	あり〜なし	あり〜なし	あり	あり
取引先の数	1	1	複数	不特定多数	1	若干数	1（事務所）	複数（プラットフォーム利用）	不特定多数	不特定多数

※テレワーク促進により、徐々に制約から解放

出典：一般社団法人プロフェッショナル＆パラレルキャリア・フリーランス協会「フリーランス白書2020」に加筆

図表２－14　働き方の分類のなかでの、労働者から事業者までの分類整理の例

第1部　ライフデザインの基本としてのキャリアデザイン

第3章

人生全体の働き方をプランするキャリアデザイン

ここでは、自分が100歳まで生きるという「ひとつの事業体」としてのライフデザイン仮説を出しています。本章ではその中の自分の将来をキャリアデザイン（働き方を設計する）することを考えます。

そのための方法は、「全体をまずは俯瞰」して人生100年を時系列的に4つのステージに分解、それぞれの意味、価値、投資・回収などの基本的なポイント方を考えます。そのうえでモデルとなる人をお手本または仮説構築してイメージすることが大切です。

第3章
人生全体の働き方をプランするキャリアデザイン

第3章 人生全体の働き方をプランするキャリアデザイン

1 「人生100年時代」の4つのステージと目的地

人生のステージ分けによるキャリアデザインの基本的考え方

個人が生まれてから死ぬまでを俯瞰してその生き方を充実させ、価値と経済性を考えたときのキャリアの価値について考えてみましょう。

とくに自分自身が新たに社会への「新規事業体」として世の中に出現したとすると、環境変化や人生のライフサイクル（HLC）の変化に対応して発想や働き方をモデルチェンジする時期が長い生涯の中で必ずくるでしょう。

図表3-1、2は人生のライフステージをその内容ごとに俯瞰した図です。最初の**図表3-1**は「人生80年時代」における働き方モデルです。第二ステージ中心のもので「人生60～70年時代」の延長で、従来発想のイメージです。

これが「人生100年時代」になると、**図表3-2**に示したように、従来引退の第三ステージが新たな働き方の本番となる第三ステージとして出現してきます。すなわち第1章で述べたように全体を四つのステージにわけて考えることをイメージしています。

本書では「人生100年時代」を見据えた生涯全体の真ん中の40～60歳を中心にして時間軸を半々にわけて考える作業がキャリアデザインのスタートとなります。

ヒューマン・ライフサイクル（HLC）を用いて俯瞰してみると

人生全体のHLCの基本形については、**図表3-3**にHLC原型線を点線で示してあります。図の第三・四ステージの実線は、60～70歳が平均寿命の古いイメージ（第三ステージで人生が終了する）の場合のキャリアイメージを再現してみました。

人生全体のライフサイクルは①第一ステージの学習期を経て急速に成長する②第二ステージとして50歳程度までの活躍段階を示しています。これは少し前の日本における寿命60～70歳、定年55～60歳時代の旧来モデルに対応しています。

この時代では急速に活動が衰退して寿命が60～70歳代となって終了しますのでサラリーマン人生＝終身雇用の発想で問題はありません。長生きしても、その絶対数は少ないので比較的恵まれた余生となっていたのです。

「人生100年時代」へ移ったときのHLCを俯瞰しイメージする

続いて、「人生100年時代」における組織からの卒業という「第三ステージ」を選択肢に入れ込む場合についてのイメージを**図表3-4**に示してみましょう。

第二ステージの雇われる働き方から自立することは、出来るだけ小回りをきかせた自立（独立）した場合が多いのです。

収入的には専門家のレベルによっても違いますが、普通でも組織にいたときと同等の年収、うまくいけば2倍以上の年収をキープして75歳まで継続することが第三ステージのライフデザインの目標になります。実線で示したのが、第三ステージに「自立して、本番の仕事をする」というパターンです。

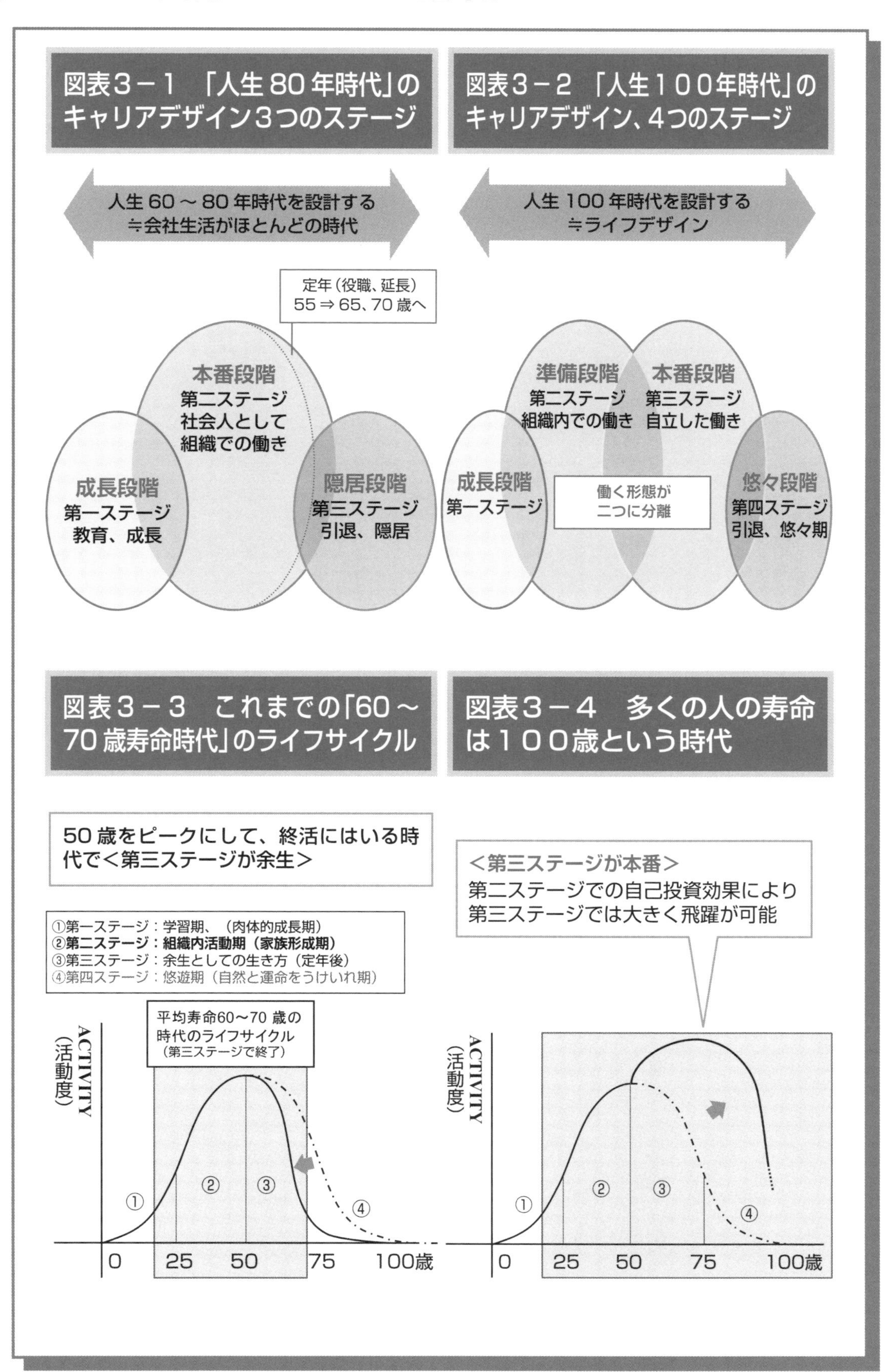

図表３－１ 「人生80年時代」のキャリアデザイン３つのステージ
人生60～80年時代を設計する
≒会社生活がほとんどの時代
定年（役職、延長）
55⇒65、70歳へ
本番段階
第二ステージ
社会人として
組織での働き
成長段階
第一ステージ
教育、成長
隠居段階
第三ステージ
引退、隠居
図表３－２ 「人生１００年時代」のキャリアデザイン、４つのステージ
人生100年時代を設計する
≒ライフデザイン
準備段階
第二ステージ
組織内での働き
本番段階
第三ステージ
自立した働き
成長段階
第一ステージ
働く形態が
二つに分離
悠々段階
第四ステージ
引退、悠々期
図表３－３ これまでの「60～70歳寿命時代」のライフサイクル
50歳をピークにして、終活にはいる時代で＜第三ステージが余生＞
①第一ステージ：学習期、（肉体的成長期）
②第二ステージ：組織内活動期（家族形成期）
③第三ステージ：余生としての生き方（定年後）
④第四ステージ：悠遊期（自然と運命をうけいれ期）
平均寿命60～70歳の
時代のライフサイクル
（第三ステージで終了）
ACTIVITY
（活動度）
①
②
③
④
0
25
50
75
100歳
図表３－４ 多くの人の寿命は１００歳という時代
＜第三ステージが本番＞
第二ステージでの自己投資効果により
第三ステージでは大きく飛躍が可能
ACTIVITY
（活動度）
①
②
③
④
0
25
50
75
100歳

2 ステージでの対応(1) 第一、二ステージのキャリアデザインと自己投資

第一ステージにおける、特徴的なポイントとは

図表3-5に示したのは「人生100年時代」のHLCとしての第一ステージをハイライトしたものです。ここでいう第一ステージは現在の日本では比較的画一な「投資ステージ」になります。各個人は生誕後、義務教育という共通の育成の場を経て、さらなる教育や研鑽を両親や社会からの投資として受け、自分自身の道を選んでいくのです。その後の人生は、人それぞれのさまざまな展開となりますが、ここではスタートアップとして学習と生命の維持のための準備段階となります。

その中でも、比較的それぞれの生き方や経験として「他人との違い（稀少性）」が発揮できるのは例えば下記の3つでしょう。

・「転校」経験……親の転勤、移動などにともなう違う世界の発見、新しいコミュニケーション経験や、逆に「ドロップアウト」「退学」経験
・「飛び級」「能力別編成」経験……近年制度化されてきたが、逆に「落第」「留年」経験
・「留学」経験……国内外での非日常体験となるのが留学経験

第二ステージにおける自己投資の重要性と現状

多くの大学、高専、専門高校などの卒業生は、すでに大学や学校を出た段階で専門を持っているでしょう。まずは20代までにひとつの分野の経験を積んだ専門家です。これに加え卒業したあと実社会で実践することで本物になります。そのあと、さらに30～40代でもうひとつの専門分野を意識し確立します。自分の努力によって40～50代以降は専門性の深い（高い）、または異なる領域が拡がり第三ステージ、本番への投資となります。

しかしサラリーマンにおける専門の高度化（深耕化）は、特に企業や役所などの役割分担された組織のなかでは難しい場合が多いといえます。また昨今では専門知識の陳腐化のスピードも著しく、専門性の維持にはかなりの工夫と努力が必要となるでしょう。

図表3-6は、第二ステージ以降、特に第三ステージで花開くには、第二ステージの初期から意識を高くして準備しておくのが理想だということを示しています。

第三ステージを目指して何を準備、投資か

ここで、日本の第二ステージでの投資（学びなおすことなど）について考えてみます。

第三ステージでの自立を考えると、40代にはさらにもうひとつの専門領域を確保することに事前の準備が必要です。

図表3-7は成人（25～64歳）になってから教育機関で学ぶ人の割合を、国際比較したものです。実際に教育機関で学ぶ日本人は英国、米国、ドイツ、フランスに比べて圧倒的に少ない状況です。

これまでの日本の中堅サラリーマンは自己投資に熱心でなかったようです。学ぶ意欲自体は各世代ともあるといわれます。このようなタイミングだからこそ、第二ステージにおけるキャリアデザインを考えたほうが、チャンスは大きいといえます。

図表3－5 第一ステージによる、まずは専門性の獲得準備

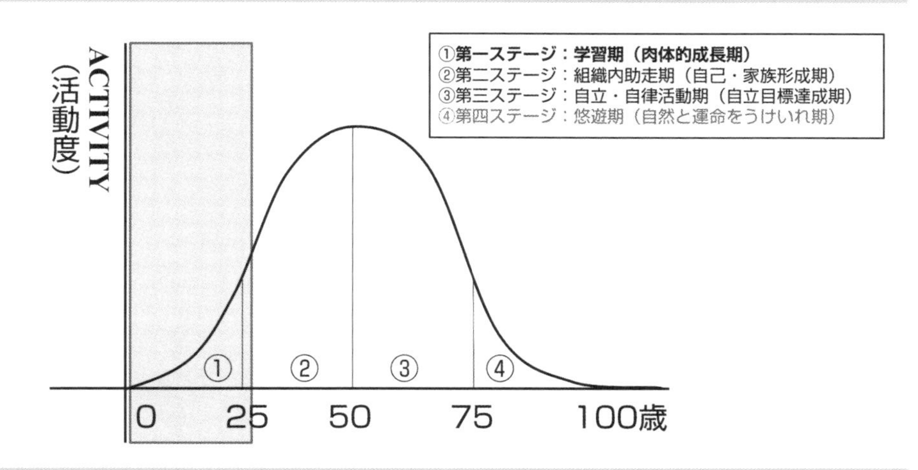

図表3－6 第二ステージの投資により第三ステージに影響するライフサイクル（HLC）

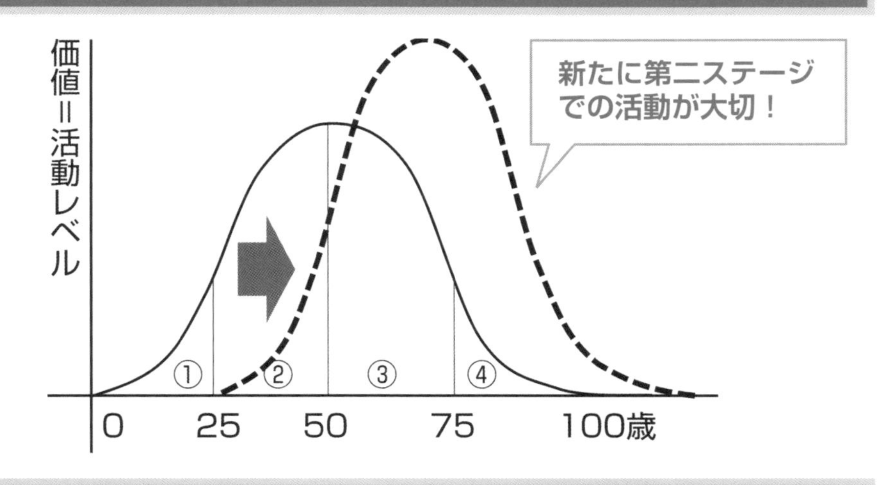

図表3－7 学ぶ意欲の国際比較（25～64歳）

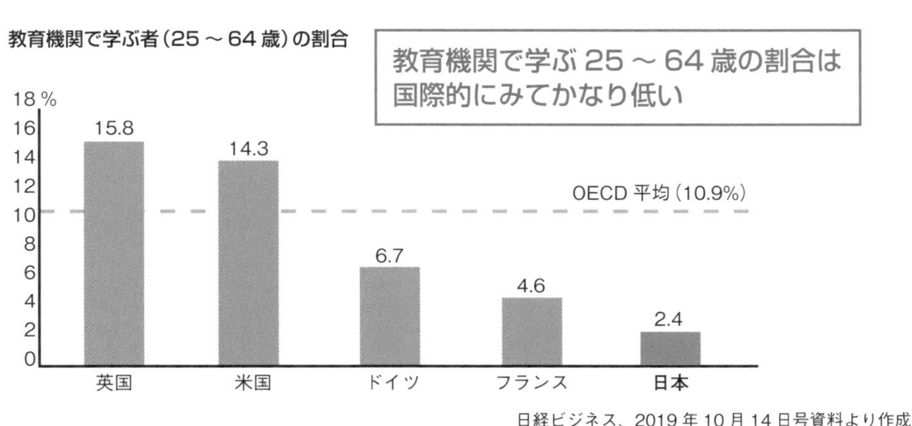

日経ビジネス、2019年10月14日号資料より作成

ステージでの対応(2) 第二ステージから第三ステージのキャリアデザインと自己投資

第二ステージ、第三ステージにおける投資と効果

世の中で大切なことのひとつは、自分への投資ですが、一方では不良資産を作らないことです。言葉を換えると、おもしろくないことを中途半端にやらないことです。また、きちんと資産の棚卸しをしなさいということです。

自分の組織内での収入面でのベストシナリオ（第二ステージのなかで、例えば経営者という指導的な立場になった場合を想定）は何か、収入面でのワーストシナリオとは何かの次の選択肢を考えます。そしてどのような働き方が、自分に合っているかを比較していきながら選択していくのがライフデザインの考え方の基本です。

どれが正しいというわけではありません。新しい働き方として、特に第三ステージに向けて50歳以降に組織を卒業して、「雇われる働き方」から「自立する（雇われない）働き方」を考えていきます。そうすると**図表3-8**に示したような、第二、第三ステージの次を主体とした視点を持ちながら、次を考えて働いたり投資をしていくことになります。

自分もひとつの事業体と考えると未来への投資は十分か

俯瞰的視点で見た自分自身への投資と回収のイメージを**図表3-9**に示してみました。自分自身への投資と考えると、少なくとも回収には5～10年以上のスパンを考えるとよいでしょう。実際に皆様のご両親はみなさんに（大学を出た人には22～24歳までの投資！）根気よく投資してくれています。自分自身への投資をそのあと、行なっているでしょうか?

図中のケースAですが、自分への投資がない状態です。ケースBは第二ステージで自分自身への投資を、当初から継続した場合のモデルです。ケースCは第三ステージで投資を実行するイメージです。人生サイクルの視点でこの投資がうまく機能すれば、人生後半が働きがいがある収穫期となることが期待されます。

組織から卒業・自立して成功する人と、そのまま流される人の違い

一般的に独立してもうまく行く人は、組織の中でもある程度うまく行く人が多いようです。第三ステージを準備するキャリアデザインは会社をうまく使って自分にも投資する（してもらう）のがポイントです。逆に組織の中であまりうまくいっていない人は、会社のなかにいるうちに直すべきところを修正すればよいのです。

共通していえることは、まずは独立心（起業家精神）を持つことで、そうすると人のせいにするとか、言い訳をしなくなります。さらにサラリーマン時代に養った専門性や汎用性が世の中で通じるか、組織の中にいるうちにブラッシュアップしておきましょう。

このイメージを**図表3-10**に示しました。最初の生き方として組織内サラリーマンとして出発した場合には、これまでの投資結果としての経歴や能力、知識、智恵、経験を見込まれて存在している場合が多いのです。

図表3－8 第二、第三ステージにおける人生の俯瞰的視点での投資というキャリアデザイン

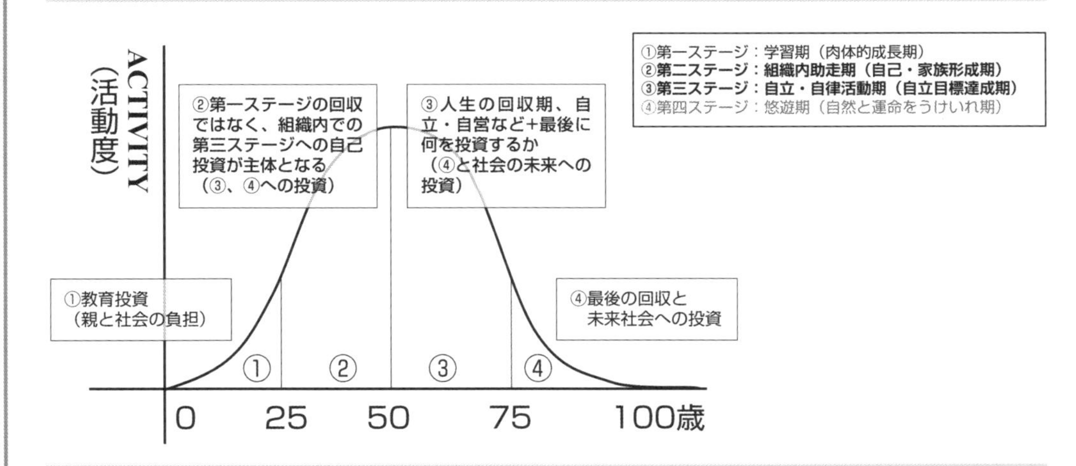

図表3－9 自分の価値を上げながら「人生１００年」を生きるライフデザイン

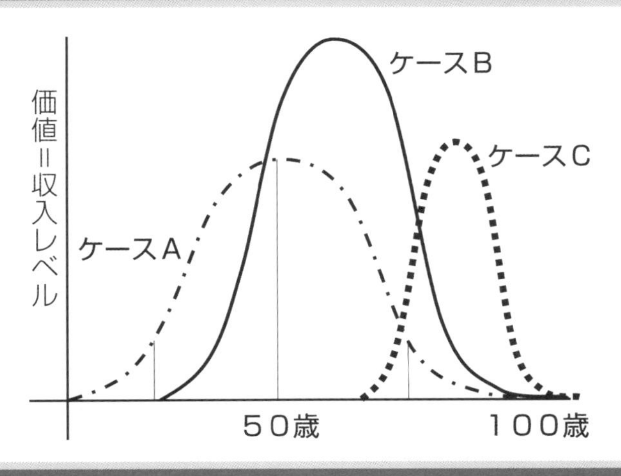

図表3－10 第二ステージの40～50代の過ごし方でその後の人生が決まる

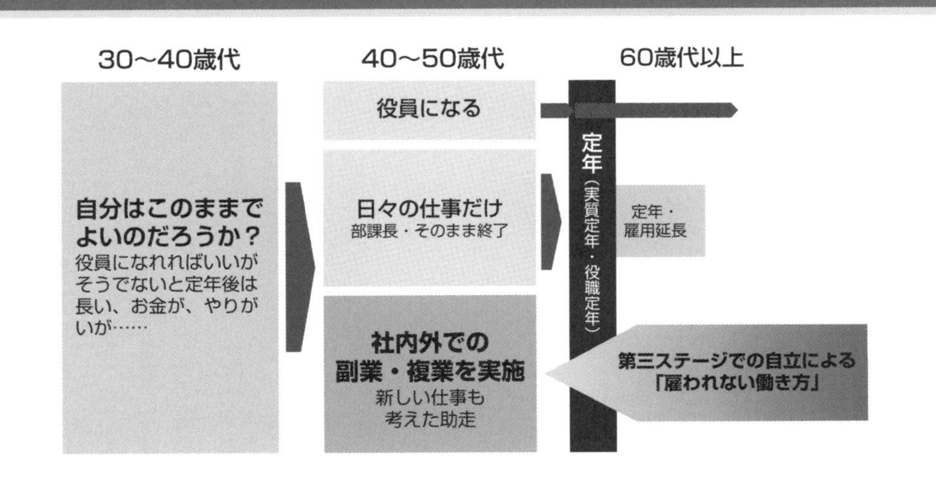

第3章 人生全体の働き方をプランするキャリアデザイン

4 自立した働き方の現状を明確にする フリーランスの現状と未来

フリーランスは自立して働く代表例だが、定義は明確でない

内閣官房によるフリーランスの定義と最新試算（**図表3-11**）によれば、日本国内における2020年の広義のフリーランス人口は462万人とされています。厚生労働省、内閣府、中小企業庁によって、対象範囲の定義や試算方法が異なります。

ここでいうフリーランスには、いくつかの要件が示されています。例えば統一見解では、①自身で事業などを営む、②従業員を雇用しない、③実店舗をもたない、④農林業の従事者でない、⑤法人経営者を含むなどとなっています。これはまさに本書の知的自営業の定義の原案となります。

少数の従業員を雇用しながらベンチャー企業を経営するような働き方の場合も、広い意味では自営業的に働いていると考えて本書では「知的自営業」と呼びます。なお労働者、フリーランス、自営業などの違いについては2章のコラムを参照していただくと補完的に理解していただけると思います。

自立して働く、「知的自営業」の現在での職業形態について

人間はいろいろな方向を向いて仕事をすることができます。夢と可能性を重視すれば「できない理由を探す」のではなく「できる理由を探す」ことで新しい道が拓けてきます。

ここでは、まずはフリーランスに代表する（知的）自営業で活躍している人たちの現状の職業形態について、整理してみましょう。まずは、フリーランス白書（2020）からの現状での分類です（**図表3-12**）。64％と圧倒的に個人事業主という分類になります。

これらは、こうなりたいといってなるのではなく結果としてこうなっているとみていただくのがよいでしょう。ここでは、色々な形態があるということをまずは知っていただくのが目的です。

知的自営業のフリーランスとしての仕事内容は、色々とある

次に業務内容について、その仕事内容を整理したものが**図表3-13**となります。このなかで、多いものを順番に挙げてみます。

21・5％を占めるのが、いわゆるクリエーティブ、デザイン、写真などのアート系です。次が、エンジニア・技術開発系の15％で、これは技術者、多くは理系の人向けです。さらに、ほぼ同等の13・4％が出版、メディア系でこの中には、編集や校正、翻訳などもはいっています。

10％以下だと次の9・9％がコンサルティング系です。いわゆる独立コンサルと呼ぶものです。さらに、7・2％の企画系として、マーケティングなど、4・4％が医療系、同じ4・4％がバックオフィス系となっています。

自分の得意分野と重ねてみると、第三ステージのサラリーマンの卒業後目指す例として興味深いところです。特に今後はアート系以外の業務は企業のジョブ型の進行に伴い、いずれも伸びていくことは間違いないでしょう。

図表３－11　働き方の分類のなかでの、自立して働くこととは

	内閣官房による統一調査（関係省庁連携）	内閣府	中小企業庁	厚生労働省
対象	「フリーランス」 ①自身で事業等を営んでいる ②従業員を雇用していない ③実店舗を持たない ④農林漁業従事者ではない ※法人の経営者を含む	「フリーランス相当」 ①自身で事業等を営んでいる ②従業員を雇用していない ③実店舗を持たない ④農林漁業従事者ではない ※法人の経営者を含む	「フリーランス」 ①自身で事業等を営んでいる ②従業員を雇用していない ③実店舗を持たない ④農林漁業従事者ではない ※法人の経営者を含む	「雇用類似の働き方の者」 ①自身で事業等を営んでいる ②従業員を常時使用していない ③個人事業主等で店主ではない ④農家や漁業者ではない ⑤業務の委託を受けている ⑥事業者が直接の取引先 ※法人の経営者を含む
フリーランスの試算人数	462万人 （本業 214万人／副業 248万人）	341万人 （本業178～228万人／副業112～163万人） ※なお定義の違いにより306～341万人と幅をもって推計	472万人 （本業 324万人／副業 148万人）	367万人 ※①～④に該当する者を試算したもの
サンプル	144,342人	50,000人	62,415人	18,377人
調査期間	2020年2月10日～3月6日	2019年１月28日～３月４日	2019年1月11日～1月31日	2019年1月15日～2月21日
調査主体	内閣官房 日本経済再生総合事務局	内閣府政策統括官 （経済分析担当）	リクルートワークス研究所	（独）労働政策研究・研修機構

出典：「フリーランス実態調査結果」（令和２年５月内閣官房日本経済再生総合事務局）
https://www.kantei.go.jp/jp/singi/zensedaigata_shakaihoshou/dai7/siryou1.pdf

図表３－13　フリーランスの具体的な業務内容の例と現状での比率

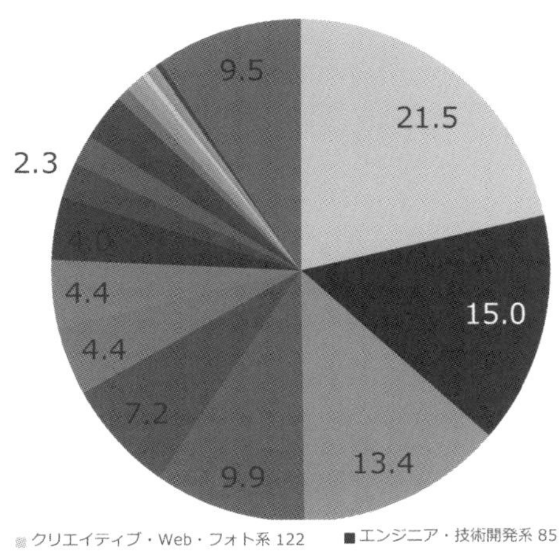

■クリエイティブ・Web・フォト系 122
■エンジニア・技術開発系 85
■出版・メディア系 76
■コンサルティング系 56
■企画系（マーケティング・広報など） 41
■映像制作系 25
■事務・バックオフィス系 25
■通訳翻訳系 23
■人材系 13
■教育系 11
■営業・販売・小売系 9
■ライフサポート系 8
■芸術系 5
■士業系 4
■医療福祉系 3
■美容ファッション系 2
■スポーツ・健康系 2
■飲食系 2
■金融保険系 2
■その他 54

図表３－12　フリーランスの形態、現在の実情は個人事業主がほとんど

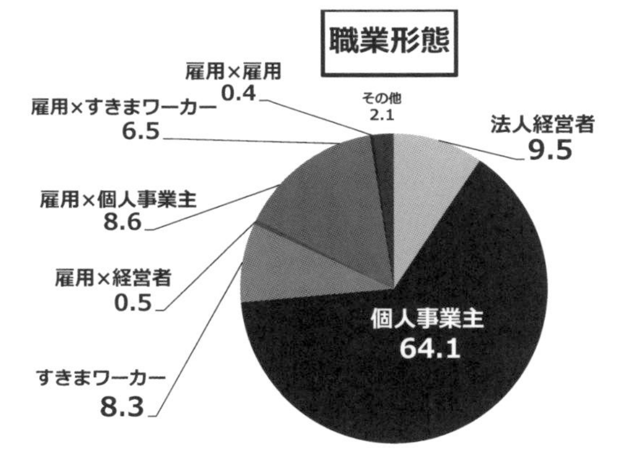

出典：一般社団法人プロフェッショナル＆パラレルキャリア・フリーランス協会「フリーランス白書 ２０２０」

COLUMN3

人生のステージと投資回収の考え方とは

人生への投資時期：年代別のキャリアの設計と投資の見直しを行なう

自分が主体、すなわちいずれ組織からの卒業という考え方の本質は、自己投資による準備が必要ということです。では、あなたの自分に対する投資はなんでしょうか？　このことを年代別にシナリオ（ここではロードマップとも呼びます）と一緒に考えることは大変有用です。当然ながら新規事業などの未来のビジネスプランには、必ず投資内容と時期、その成果が想定されてはいっており、それが未来の信ぴょう性と発展性を明示しています。

自分自身の人生のシナリオ・ロードマップにも同じことがいえ、逆にいうとこれを考えることがライフデザイン作成作業そのものといえるでしょう。さて、皆さんは20代、30代、40代さらに50代、60代では自分に何に投資をしてますか？真剣に考えてみましょう。

図表３－14には世代別自己投資としての、各世代の投資内容（するべきこと）、期待価値と成果（いつごろ）などの構想表（イメージフォーマット）を示していますので記入する時の参考にしてみてください。

世代	投資内容の例：「知的自営業」として自立する場合（投資としてなにを行うかの例）	期待価値と成果（いつごろを目標にするかの例）	自由記入欄（ご自身で記入ください）	働き方の選択：個人のビジョン・志など（あれば）
20代	ひとつの専門を極める	組織への就職時		
30代	二つ目の専門を極める（準備をする）；ダブルメジャー化	組織内での自分の立場の確立と自立準備開始		組織内充実期（雇われる働き方）⇔サラリーマン、会社員
40代	社内での副業化。組織内でのスペシャリストから組織外で通じるプロフェッショナルへの修業	まずは社内（外）での第一人者、組織の中では出来る限りのリスクテーキングと自分で実行	＜「知的自営業」準備期＞	
50代	複業獲得、自分のためになる依頼仕事（講演、執筆、インタビュー、お試し依頼など）は断らない。できるかぎりの発信と貢献（収穫は結果としてのもの）	社外での第一人者になる。最初は範囲は狭くても、ニッチでもよいから、「××分野は自分」を確立する	＜「知的自営業」適齢期＞（事例のコラム参照）	
60代	自分の得意なところを、掘り下げて拡げる。余裕があればさらに仕事と関係のない分野でも拡げる	いくつかの分野、広い分野での第一人者に名実ともになる 仕事以外でもプロとなる	＜「知的自営業」可及的すみやかに＞	自立・自律充実期（雇われない働き方）⇔知的自営業、フリーランス
70代	自分の好きな、得意で役立つ分野を極めていくことに投資を集中	幅広く、世の中に役立つ（害のない、皆に好かれる）プロフェッショナルとなる		

図表３－14　世代別自己投資のイメージ

第1部　ライフデザインの基本としてのキャリアデザイン

第４章

自立するための助走期

副業・複業のキャリアデザイン

ここでは、「人生 100 年時代」に対応する、自立した、雇われない働き方としての「知的自営業」の考え方を提案し、移行への助走方法を紹介します。

まずは雇われる働き方（サラリーマン）と本番人生である自立・自律（自営業）の本質的な違い、また副業、複業の関連を明確にします。第二ステージからいかに脱出し「知的自営業」に到達するか、助走期間としての副業、複業化の実際的な内容、具体的例などを紹介・整理していきます。

第４章
自立するための助走期
副業・複業のキャリアデザイン

1 ポスト・サラリーマンの働き方としての自立する選択肢

サラリーマンの本番＝卒業後の選択肢

まずは、人生全体の俯瞰的な４つのステージと、とくに大切になる第二と第三ステージの間をつなぐイメージを**図表４-１**として整理してみました。

かつては、定年＝働くことの終了のイメージでさまざまな制度ができていました。しかしすでに人生１００年の少子高齢化の時代にはいっています。では卒業ならぬ定年を控えて自分の意思で組織の枠を離れていくことは卒業といえますが、強制的に組織から追い出されるのはまさに定年、ある意味でクビということです。

法的にもようやく、このままではいけないという対応策もでてきました。まずここでは、人生１００年時代への移行をスムーズにするための、助走期として45～60歳のキャリアをハイライトしていきます。

サラリーマンの組織からの卒業のタイミング

実際の卒業のタイミングは、そのまま組織に残るリスクと自立して事業をやるリスクのバランス点です。ライフデザインを描くときの基本的な考え方に楽観性の視点というのがあります。組織を離れることは当然不確実性があり、組織内で安定している人は、それをリスク（危険）ととらえますが、通常の不確実性はチャンス（機会）を含んでいるものです。

図表４-２は雇われる働き方（第二ステージ：明確な拘束と指示命令・分担体制）と自立する働き方（第三ステージ：仕事の自由裁量権）の年齢範囲と、その過渡期（助走期）のイメージを示しています。（助走開始：40歳を目途、自立・独立開始：50歳を目途としています）。

ライフデザインの中のキャリアデザインの役割は、組織からの卒業準備です。これまでに培ってきた能力を花開かせるための準備期間だからです。その組織が必要とする能力は時間とともに変化していき、いずれは陳腐化していくものです。自分を事業体として考えると、組織にどこまで依存したほうがよいかという全体観点で見えてくるものです。

いつ卒業するかを判断する大切さ：雇われる意識と自立する意識の違い

どの組織でも50歳ごろには、サラリーマンとしては、この先、組織の経営者側になるかならないかは、かなりの確率で判断できる状況にあるといえます。とくに組織側としても、経営者としてある程度、長期に活用するために、選別の時期を早めに（50歳以前に候補者選定を終わる）していく傾向もあります。

また大切なことは組織内にいるときに、組織を離れるという仮想実験を行なって自分の自立に対する免疫性を試してみることが実に有効です。

図表４-３には、「雇われるスキル・意識」と「自立・自律するスキル・意識」の具体的な内容の違いを整理してあります。この間には結構な発想の転換と準備（助走）が必要になります。

図表4－1　人生の4分割への発想と、第二と第三との間をつなぐイメージ

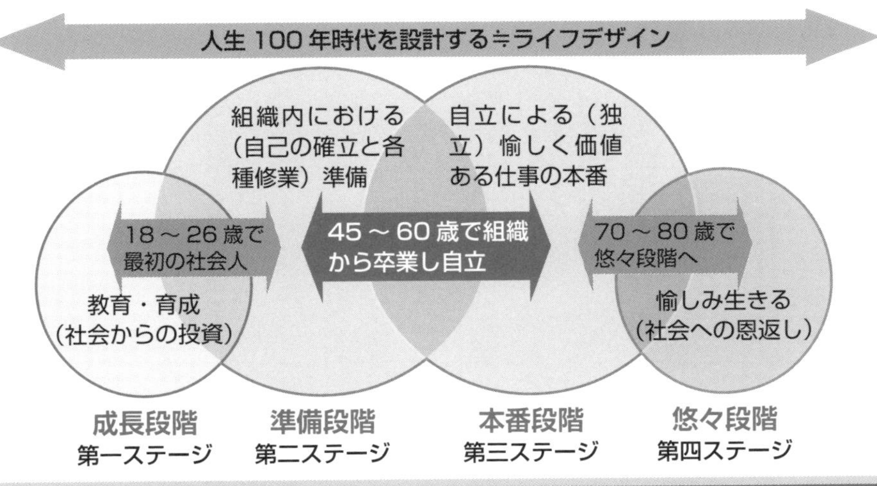

図表4－2　人生の組織からの卒業と助走のタイミング（年代）

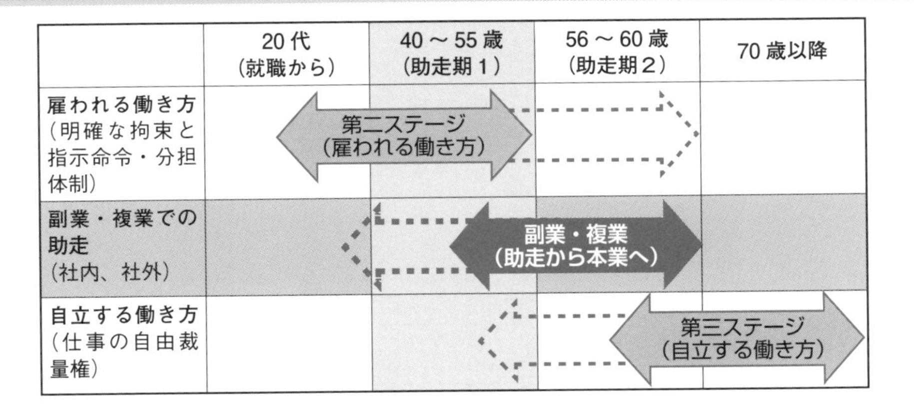

図表4－3　「雇われるスキル・意識」と「自立・自律するスキル・意識」の違い

雇われるスキル・意識

- 役割分担的発想
- 指示命令型（指示待ち型）
- 正解の存在ある世界ではマニュアル型
- 上下関係:支配、従属型（階層構造）
- トップダウン型の一方向のコミュニケーション

助走期間の大切さ：つなぎ

自立・自律するスキル・意識

- 総合的視点（全体視点）
- コミュニケーション型
- 自立・自律型へ
- 正解の存在がない世界では協同・協働解決
- 役割分担：パートナー型（フラット構造）
- 双方向のコミュニケーション

2 助走期間のキャリアデザインの対応（1）
社内で視野を広める準備としての副業

自立への橋渡しは助走期間・領域

まずは、自立への橋渡し・過渡期としての助走の対応について述べていきましょう。いわゆる第二ステージを多くの人が過ごすサラリーマン（雇われる働き方）においては、50代以上で役員（経営者）にならない限り、給料が飽和、低下するのは当たり前の現象となっています。

その点、サラリーマンの多くの人々にとって、収入を価値評価と考えると魔の年齢になってしまいます。ここを人生100年時代の「輝きの年代」にするか、「魔の年代」で終わるか、その後の人生設計を含めて、まさに分かれ目といえます。

図表4-4にその過渡期（助走期間）のイメージを示してみました。この分類は、実はサラリーマンとしてもいわゆる副・複業を突き詰めていけば自立することが可能となることを示しています。サラリーマンは所属意識が強いのが普通ですが、それを打破する過渡期が助走期間として必要となります。

副業とは何か、複業との違いと内容は

一般に「副業」はあいまい用語として、使われています。本書では「副業」と「複業」は明確に分けて用いています。ここでいう、副業とは、報酬を伴わない、兼業、兼任のようなものをイメージしています。過渡期における副業として、社内で視野を広める準備としての社内兼任は役立ちます。

図表4-5にはこの副業型と次に述べる複業型の比較を示しています。組織体の内部にある固有のミッション、分担業務を超えたものは、すべて副業としてとらえるとよいのかもしれません。例えば横断的プロジェクトの提案や会社としての新規事業提案・実施、コーポレート部門への移動など転勤も立派な副業としてとらえています。出向については内容によって、転勤か転職かという判断とするほうがよいでしょう。

一方の複業についてはいわゆる社外での、報酬が発生するものというイメージです。本書では転職も自立するための助走期間としての複業に位置付けています。複業とはこの本では、社外から有償でお金をもらい、価値を明確にすることとしています。

会社を活用した助走期間のパターンの整理

会社の仕事の中で、会社が負担してくれて、自分自身の資格やキャリアになるものも多くあります。

多くの企業では自己活性化や生涯学習と称して、自分自身のための各種学習に補助金を出したり、受講機会や就業時間内にそのための時間を一部認めたりするところもあります。

このような制度があるないにかかわらず（会社負担、一部負担、自己負担）、積極的に活用することは自分自身の助走にもなりますが、会社の仕事の生産性の向上にもつながるところがポイントです。その機会例をリストアップし、**図表4-6**として示してあります。

4-2 助走期間のキャリアデザインの対応（1）

図表４－４　過渡期（助走期間）の大きさとその対応へのアプローチ

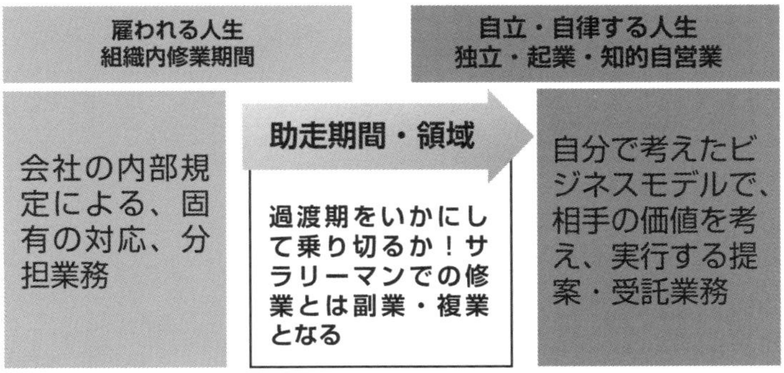

雇われる人生 組織内修業期間	助走期間・領域	自立・自律する人生 独立・起業・知的自営業
会社の内部規定による、固有の対応、分担業務	過渡期をいかにして乗り切るか！サラリーマンでの修業とは副業・複業となる	自分で考えたビジネスモデルで、相手の価値を考え、実行する提案・受託業務

図表４－５　副業と複業の考え方の比較

副業は無償、複業は有償ベース

	考え方（イメージ）	報酬の有無
社内・副業 イメージ	・あくまでもサブ（副）の立場で行うこと・意識 ・社内の本業以外の仕事、兼任などは副業とする ・会社派遣の国内外留学は副業とする ・社内での別仕事、横断プロジェクト、上司が別の作業などは副業とする。 ・転勤、社内部署移動は副業イメージとします。	無償の仕事
社外・複業 イメージ	・社外、世の中で主体的、提案型、自立的に働くこと意識 ・会社で認められている社外活動、とくに週末起業、自営、フリーランス、契約業務など ・社外での価値を生む仕事（収入を伴う）は、複業とする ・ここでは、転職も複業のひとつとみなしてみます。	有償の仕事

図表４－６　会社のなかでの助走に使える各種の機会例

	内容（投資名目など）	具体的な学習・助走イメージ	主な費用負担元（投資元）
1	会社（や組織）の中での直接仕事としての異分野経験	所属部署での専門性の深化、進化、各部署でのローテーションによる専門性の拡げかた：技術者であるが、経営企画、事業企画など、生産部門から営業、業務、研究部門などへ	企業、組織が全額負担する
2	会社の中での間接仕事としての学習機会	会社推薦の学位取得、各種資格取得、海外留学、社内外の研修、セミナー取得、社会人大学院への入学	会社が費用の多くを出す形が多いが、内容によっては自分も負担
3	会社の直接・間接の仕事としての社外活動	学会活動、異分野交流会、大学派遣、官庁への派遣、中小企業指導、営業活動としての対応	会社などがほとんど負担するが、一部自己負担もある
4	会社が認め、推奨する社会活動など	ＮＰＯ活動、各種ボランティア活動、各種公的教育機関での講師など	個人負担がほとんど

（自分自身の趣味的なもの、また親戚、家族経営などのお手伝いはここでは入っていません）

3 助走期間のキャリアデザインの対応（2）

複業で社外での価値をみつける

自分自身の助走期（過渡期）に新たなキャリアを記入

自分の可能性と実際の評価事例も参考に自由に組織の中での経験を自分で記入してみましょう。

図4-7aには記入フォーマットの枠を、**図4-7b**には事例としての記入例を示しました。大きく副業と複業にわけて専門スキルや経験を記入してみることがポイントです。

ここである程度の（ざっとした）自分探しのキャリアが見つかれば、それらをピックアップすることで可能性は広がります。本当の専門にするための、次のステージへのつなぎとギャップが一つでも見えてくればしめたものです。

考えるべき副業から複業型へのキャリアデザインの基本

組織からの卒業という「第三ステージ」を、未来の選択肢に入れ込む場合においては、これまで述べたように、意識的に副・複業を実行するというキャリアとしての経過措置、助走期間があると助かります。最終的には出来るだけ小回りをきかせた複業型の業務契約モデルが意味を持つ場合が多いようです。

実際に外部から報酬を受け取れる、すでに自分の本業にプラスして稼げるという複業がプラスになります。その内容は専門のレベルによっても違いますが、組織の中の仕事単価で考えると、わりの良い仕事になります。

独立すると、組織にはいたときと同等の年収、うまくいけば2倍以上の年収をキープして75歳まで継続することが組織からの卒業後の自らのテーマになります。

しかし外部からお金を稼ぐという面では、そのためにキャリアとしての事前の準備が必要です。**図表4-8**は「第二ステージ」での「助走・過渡期」としての考え方を仕事の内容ということで整理しています。

複業の意味は、自分の価値に関するお金の流れを確認しておくということです（第二ステージとしての雇われる働き方では、直接扱うことが少ない）。

そうすることによって、まずは自分自身のキャリアと価値の全体的な潮流の把握が助走・過渡期に可能となります。そのときに時系列的な組織内の収入カーブの変遷や予想などについても参考に考えておくと、自立したときに楽になります。

社外から複業への流れ、転職も複業と考える

自分のキャリアデザインの中に、自分の複業型モデルをあるべき姿としてビジョン化するのも自立準備のひとつの案です。複業として社外からお金を稼ぐことができる内容のイメージについて整理したものを、副業と比較して示しています。

特に第三ステージに向けていつか組織を卒業すると考えた時には、複業経験はありがたい経験になります。筆者も振り返ってみると、外部からの収入は、自分の価値を見直す良い機会になっていたことを思い出します。この経験は、多ければ多いほど、色々な視点での社会からの自分の価値評価につながるので自立に役立ちます。

図表4－7a　自分のサラリーマン時代の助走期間の記入フォーマット例

22～50歳：雇われる人生（組織内修業期間）		51～75+α歳：自立・自律する人生（知的自営業）	
最初の組織と業務内容	助走期間・領域		自立・自律して目指す業務内容
	社内兼務・副業関係	社外活動・複業関係	

図表4－7b　サラリーマン時代の助走期間の記入事例：経営コンサルタント

22～50歳：雇われる人生（組織内修業期間）		51～75+α歳：自立・自律する人生（知的自営業）	
最初の組織と業務内容	助走期間・領域		自立・自律して目指す業務内容
・定型業務 ・業務報告書 ・社内事務手続き ・部内、部署間打ち合わせ ・部内プロジェクト参加 ・各種企画業務	社内兼務・副業関係 ・海外留学（社費） ・社内プロジェクト ・社内起業（新規事業提案・実行） ・関連会社・海外VBとの協業 ・転勤や出向経験 ・国家プロジェクト参画 ・社内セミナー講師	社外活動・複業関係 ・各種外部プロジェクト評価委員など ・客員教授、講師 ・セミナー講師、依頼原稿執筆 ・転職経験	・顧客対応コンサル、研修、講演業務 ・経営マネジメント ・業務提案、宣伝、コンテンツ作成、見積、請求、会計など雑務 ・ロードマップ、事業計画立案、実行、回収・実施支援・・・・

図表4－8　副業から複業型へのキャリアデザインの変化の対応と考え方

	第二ステージ	助走・過渡期	第三ステージ
働き方	組織内（雇われる働き方）	組織内＋α（雇われる＋自立分もある）	自立・自律（雇われない働き方）
仕事の内容	組織の中での担当業務⇒＋副業	組織の中での担当業務⇒＋副業⇒＋複業	⇒知的自営業（独立契約業務）
報酬	主担当の報酬（給料）のみ	主担当報酬（給料）＋複業報酬（謝礼など）	自分で全部、個別に報酬を得る
備考：ここでの定義	（副業：稼がない業務）	（複業：稼ぐ業務）	自営業では多くの業務が複数、同時に流れる場合が多い

知的自営業の仕事と内容
未来へのアプローチ

4

自営業の分類と知的自営業の呼び方について

自立する働き方を総称して「自営業」と呼びます。税制上はこのなかに、個人事業主と法人があり**図表4-9a**のようになります。また仕事のやり方としては、**図表4-9b**のように分かれてきます。また細かく言うと自営業の中にすでに第三章で分類・紹介したようにフリーランス、独立契約者とかの分類もあります。

ここでは多くのサラリーマンが、「知的な資産」をベースに自立する「知的自営業」と呼びます。とくに「知的」というのは、企業の中で働いていたときに獲得した各種「知識」や（具体的）「知恵」をベースに「知的」に仕事を展開するという前提でのお話です。（注：出典：『「知的自営業」のすすめ』言視舎刊、2021．5）

キャリアデザインで獲得をめざすもの

自分の未来ビジョンの前に必要な、自立してから、どのようになるかの例について述べていきます。もちろん、知的自営業といっても、その具体案は千差万別です。しかしそれでは、なかなかイメージがわかないと思いますので、先進国の米国における業態（職種と業種）をここで、整理してみましょう。

図表4-10に2006年の米国における、独立契約者と呼ぶ自営業のなかの職種と業種分類を示してあります。ビジネス面では米国は日本のほぼ20年先をいくといわれ、この図は日本の2020年代を見ていることになります。

職種では、役員・管理職が独立契約者として分類され23%と一番多いのも興味深いところです。後は技能系である修理加工職人系が20%、専門職が18%、営業・販売職が17%なども多いのです。

業種では、サービス業が圧倒的で46%、残りは建設業が22%、金融系11%となっています。このなかの全部が知的自営業ではありませんが、大変参考になるデータです。

特に、サービス業として、マネジメント、金融系コンサルタント、建築設計コンサルト、技術専門職、営業関係のコンサルが圧倒的でこれが本書の「知的自営業」イメージにつながるかと思います。一方、実務者としては修理、運転、組み立てなどの技能職なども多いということになります。

知的自営業の中身を見ていくとわかること

ここで改めて「知的自営業」の内容と分類について**図表4-11**に詳細例をみてみましょう。まずは「知的」という意味は「肉体よりは頭を使う」すなわち「頭脳として、知恵、知識、意識など」をベースにしたものです。

次に自営業とは自立・自律を基本とした（組織や既存の枠組み、体制に組み込まれていない状態で）判断や行動ができることを指します。資格をとってその資格をベースに活動するという、いわゆる士業と呼ばれる弁護士、弁理士、会計士、税理士などはそれぞれの事例が多くあるということで、ここではいっていません。

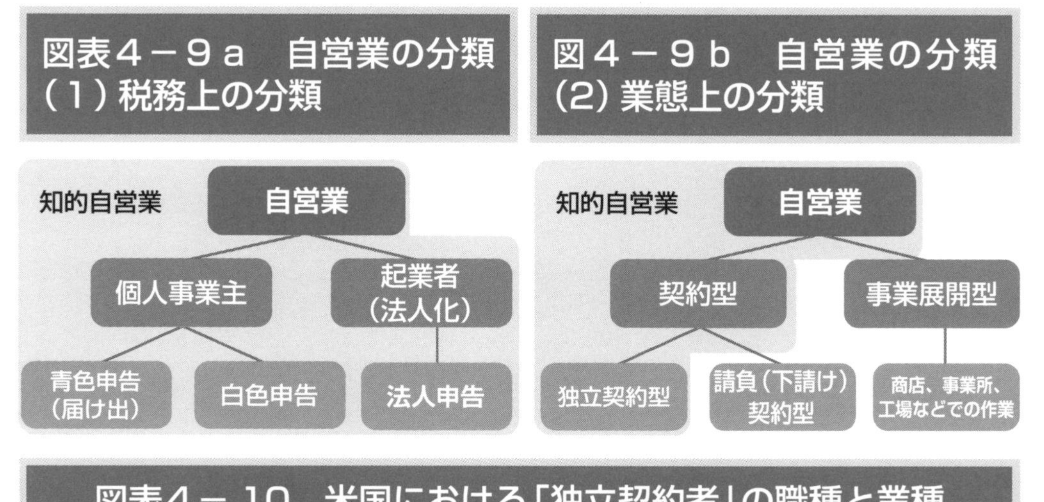

図表4－10　米国における「独立契約者」の職種と業種

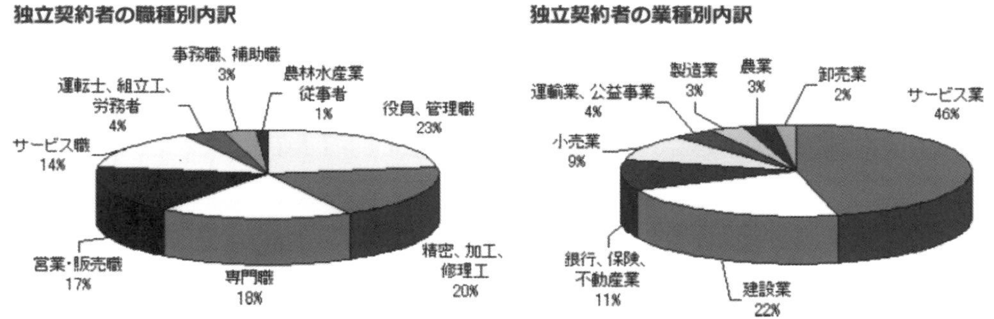

出展：アメリカ労働統計局 Current Population Survey
多様な働き方（アメリカ：2006年8月）フォーカス　労働政策研究・研修機構（JILPT）

図表4－11　知的自営業の分類と副業・複業の可能性

	自立する働き方： 知的自営業候補の例	副・複業の 可能性	備考
産	・起業系自営業（一人会社、数人のマイクロ会社などの代表、社長などのコンサルタント） ・社外役員、非常勤取締役、監査役など役員 ・社内ベンチャー、関連会社の役員 ・顧問、アドバイザー ・フリー形態の嘱託請負者 ・高度プロフェッショナル、専門家としての独立契約者 ・NPO役員、社団法人役員など	△	許可制となる（無償だと可能？）
官 (公的)	・官公庁アドバイザー ・公的団体の契約社員 ・NEDO、JSTなどのコーディネーター	△○	一般にOK、ただし無償も多い
学 (公的)	・非常勤大学関係者（客員教授、講師など）、フリーの教員、学者 ・大学TLO関係者、投資ファンド関係者 ・大学の経営にかかわるアドバイザー	△○	一般にOK、ただし無償も多い
その他	・親戚などの会社や事業、法人の継続引き受けで、経営・マネジメント・企画・研究開発系の仕事	×△	大きい会社だと無理？

COLUMN4

資格

自立に資格は必要か？あったほうがよい資格はあるのか？

卒業前に資格を取得することは意味があるか？

自立するには資格は必要なのか、というのが本日の主題です。結論的に言えば、もちろん資格があったほうがよいともいえるし、場合によっては資格はあえてないほうが自由にできるという面もあります。ただ資格を得る過程で頭の中の雑然としていた知識の整理が出来ること、さらなる情報収集用のアンテナ効果の面は大いにあるようです。

客から見てこいつは何者なのかという疑問にまずは答えることも必要な場合もあります。また企業に属していたサラリーマンが自立した時に、名刺の肩書が何にもないのはさみしいと感じる人も多いと思います。資格を取得するメリットは、色々と考えられます。まずは、特定分野の知識や専門性を客観的に証明し、市場価値を高めることで有利に、例えば相手から信頼感を得られ、説得力が高まるビジネスを展開できます。ビジネスに直接かかわるかどうか、色々なパターンが考えられますが、資格取得のために勉強することで、ビジネスの基礎知識を習得できるのは間違いありません。

一般的によくいわれている、自立に人気の資格とは

いわゆる資格は数多く、一説には日本でとれる資格の数は 3000 以上、そのうち国家資格といわれるだけでも 1200 以上といわれています。その中で資格として一般的に名前が挙がるのは下記です。専門家としての証明書として、どれがよいかは考え方ひとつです。

①ファイナンシャルプランナー　②日商簿記 (2 級) 検定　③ビジネス実務法務検定
④中小企業診断士　⑤行政書士　⑥社会保険労務士　⑦臨床心理士……

これらの資格は、いわゆる自立するのに必要かというと、そういうわけではありません。とはいえ、お客様を探すときに、団体として、ＰＲしてくれたりするので、便利な場合があります。とくに最初の事務所オープン、開業時には便利なことも多く、スタートのときに活用可能です。また自らの向学心として一応の広がりを勉強するネタとして取得することも大いに前向きな取り組みといえます。

大学の卒業・終了証明のような資格：学位、卒業証書

自分はちゃんと大学などで勉強し〇〇の専門家ですという証（あかし）がこれです。一般的には大学の卒業証書から始まって、大学院などの単位取得証明、修士号、博士号という学位などがこれにあたります。しかし大企業やベンチャー企業などにはそれと同等やさらにそれ以上の学位取得者、さらにダブル・トリプルメジャーの方も数多くいらっしゃいます。そのため、それらは希少価値としては作用せず、すぐにビジネスにはつながるとは言えないものです。

その中で例えば博士号は、専門家の証明書としては一級といえますが、今では博士号も到達点ではなく入門資格のような形になってきています。修士号としても色々とありますが、名刺上などで表記することは少ないといえます。例外が MBA（Master degree of Business Administration）の修士号で、どこで獲得したかということが問われることも多いですが、それなりの価値をもっているといえます。

自立することや起業は資格がなくてもできます。本書の事例に出てくる、13 名の文系、理系の方々は、ある意味で全員成功事例ですが、かならずしも「資格があったから」というわけでもないのです。一般的に言えるのは各種資格は、あくまでもその分野の入門証のようなものでしょう。もちろん公式の資格はないよりは、あったほうがとっかかりのスタートができやすいという大きなメリットがあります。

第2部：知っておくべきメンタルヘルスとモチベーション

第 5 章

メンタルヘルスの基礎

ストレスの要因とストレス反応

「人生 100 年時代」を迎え、身体のみならずこころの健康（メンタルヘルス）を維持することの大切さがこれまで以上に増しています。しかしながら、メンタルヘルスやメンタル不調のもとになる「ストレス」についてしっかり学んだことのある人は案外少ないかもしれません。ここでは、ライフデザインを考えるうえでみなさんが最低限押さえておきたい「長寿化時代のメンタルヘルスの基礎」について述べていきます。

第5章
メンタルヘルスの基礎
ストレスの要因とストレス反応

- 5－1　ストレスとストレス要因を考える
- 5－2　自分のストレスを知る
- 5－3　ストレスマネジメントの基礎
- 5－4　さまざまなストレスへの対処方法

第5章　メンタルヘルスの基礎

1 ストレスとストレス要因を考える

ストレスとは

ストレスという言葉はもともと物理学分野で「歪み」を意味していたものが、生体に対しても使われるようになったものです。厚生労働省はストレスを「ボール」と「指」に例え説明しています（**図表5-1**）。ストレスをもたらす外界からの刺激（仕事の量や質、人間関係、プライベートの状況など）をストレッサー（この図でいう「指」にあたる）とよび、そのストレッサーにより引き起こされる不安やいらいらなどを「（狭義の）ストレス」または「ストレス反応」と呼びます（ボールの歪み度合と考えます）。

このストレス反応の現れ方について、強度と持続期間によっても異なるとするのが、筆者の所属する日本ストレスチェック協会の考え方です。同じストレスであったとしても、感じ方は人により、環境や状況により、時により異なるものだからです。

ストレス反応の現れ方のいろいろ

ストレス反応の現れ方はさまざまです。やる気が出ない、何をするのもおっくう、不安や焦りで集中できないなどの「精神面」に現れる人もいれば、「寝付けない」「早朝覚醒（自分の望む起床時間より2時間以上早く目覚めてしまうこと）」などの睡眠障害、食欲不振、胃痛腹痛めまいなどの「身体面」に現れる人もいます。さらに、ひきこもりや衝動買い、喫煙や飲酒量の増加、服装の乱れなど「行動面」の変化を伴う人もいます（**図表5-2**）。

身体面の反応は分かりやすい反面、単なる一時的な体調不良だろうと深刻に考えなかったり、気分の落ち込みが少ない分自覚が遅れたりという問題もつながります。ただし、このような症状が2週間以上続く場合は要注意です。たいていの場合、特定のものというよりは複数のストレス要因が積み重なることによって、メンタル不調を引き起こすことになります。

何がストレス要因となりうるのか

ストレスをもたらす外界からの刺激を「ストレッサー」と呼ぶと述べました。ストレッサーは大きく分けると3つの種類があります（**図表5-3**）。

職場で考えると、部屋の空調が壊れていて暑い・寒いというのは①「物理的ストレッサー」ですし、換気不足で酸素が薄いような環境であれば②「化学的ストレッサー」になりえます。さらに、組織の人間関係が悪い、仕事量が多すぎるなどの問題があればそれは③「心理・社会的ストレッサー」になります。私たちが普段ストレスと呼んでいるものの多くがあてはまるかもしれません。それだけ、人間関係をきっかけにしたストレスが多いということの表れでもあります。

ただ、同じ環境で仕事をしていても、ストレスだと感じる人と感じない人がいますし、感じ方にも個人差があります。自分自身がどのようなこと、状況でストレスと感じるのかについてまずはしっかり自覚することが、メンタルヘルス対策の第一歩といってよいでしょう。

図表5－1　厚生労働省の考えるストレス

ストレス要因
ボールを押さえつける力

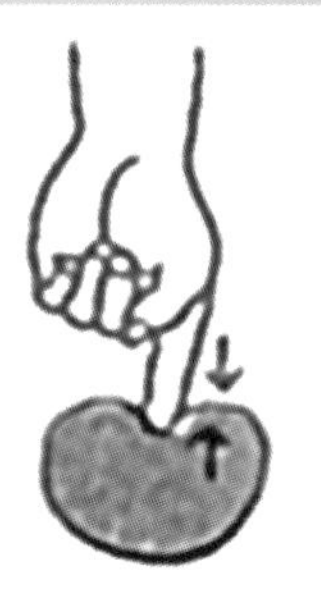

ストレス耐性
ボールの弾性力

ストレス反応
ボールの歪み

出典：一般社団法人日本ストレスチェック協会　http://coffeedoctors.jp/news/1405/

図表5－2　ストレス反応の現れ方

精神面	身体面	行動面
やる気が出ない	寝付けない	ひきこもり
何をするのもおっくう	早朝覚醒	衝動買い
不安	食欲不振	飲酒量の増加
焦燥感、焦り	胃痛、腹痛	喫煙量の増加
集中できない	めまい	服装の乱れ

出典：一般社団法人日本ストレスチェック協会入門講座をもとに作成

図表5－3　ストレッサーの種類

種類	例
① 物理的ストレッサー	暑さ、寒さ、騒音、混雑、紫外線など
② 科学的ストレッサー	排気ガスなどの公害物質、悪臭、毒物、酸素欠乏など
③ 心理・社会的ストレッサー	人間関係や仕事上の問題、家庭の問題など

第5章 メンタルヘルスの基礎

2 自分のストレスを知る

ストレスの数値化

目に見えず、知らない間に溜め込んでしまいがちなストレスを数値化するツールをご紹介します。**図表5-4**は、古いながらも現在も日本のストレス度測定において取り上げられている方法例です。1967年にワシントン大学で発表された「社会的再適用評価尺度」で、43項目のライフイベントが書かれています。これらのうち、過去1年間に体験したものの番号に○をつけます。○がついた各項目の合計点数から今後2年間に病気になる確率がわかります（150点～300点未満：約5割、300点以上：8割以上）。

第3ステージ世代に入る頃には、図の中にある「配偶者の死」「肉親の死」「自分の病気」「退職」「家族の病気」「経済状態の変化」など、高点数の項目該当者が増えると思われます。ストレス過多で病気にならないよう注意が必要です。

ストレスの形はさまざま

この評価尺度から「配偶者の死」「離婚」など一般的にネガティブな変化だけでなく「結婚」「卒業」など一般的にポジティブと思われるような変化でもストレスになりうることを押さえておく必要があります。

ストレスには自分で気づきやすいものと、家族など周りの人が先に気づくものと両方あります。特にポジティブだと思われるような変化については、本人も「これがストレスになるはずがない」と考えていることが少なくないため、ストレスがたまっていても気づくのが遅くなることもありますので注意が必要です。

また、急激におなかが痛くなるといった「急性ストレス反応」であればすぐに気づけますが「徐々に疲労がたまる」などの「慢性ストレス反応」の場合は非常に気づきにくいです。「大変なのは自分だけではないから、弱音は吐けない」などと我慢したり、年を重ねるごとに「加齢によるものだろう」などと安易に考えてしまうこともあるでしょう。この我慢がストレスサインを見逃すことにつながりかねません。

セルフモニタリングの活用

そこでぜひ取り入れていただきたいのが「セルフモニタリング」です。自分のことを振り返り、自分の状態に気づくことを目的に実施するもので、うつ病などの予防に効果が期待されています。

1週間の予定を書き込める手帳を用意しましょう。1日のタイムスケジュール付のものが望ましいです（**図表5-5**）。

セルフモニタリングは、その日の行動や思考・感情を客観的に記録する上で役立ちます。簡単な出来事を記載し、気分を0～100点で採点し追記するだけなので、負担なく続けられるでしょう。

この手帳を見ると自分の考え方の癖などがわかり、対処方法を考えやすくなります。さらに、継続することで「いつもの自分」を認識できます。ストレスがかかっている≒「いつもの自分」ではなくなっている状態ですが、いつもの自分は案外正しく認識できていないものです。

図表５－４　社会的再適用評価尺度の例

順位	ライフイベント	LCU
1	配偶者の死	100
2	離婚	73
3	夫婦別居生活	65
4	拘留、または刑務所入り	63
5	肉親の死	63
6	自分の病気や障害	63
7	結婚	50
8	解雇	47
9	夫婦の和解調停	45
10	退職	45
11	家族の病気	44
12	妊娠	40
13	性的障害	39
14	新たな家族構成員の増加	39
15	職業上の再適応	39
16	経済状態の変化	38
17	親友の死	37
18	転職	36
19	配偶者との口論の回数の変化	35
20	約１万ドル以上の借金	31
21	担保、貸付金の損失	30
22	仕事上の責任の変化	29
23	息子や娘が家を離れる	29
24	姻戚とのトラブル	29
25	個人的な輝かしい成功	28
26	妻の就職や離職	26
27	就学・卒業・退学	26
28	生活条件の変化	25
29	個人的な習慣の変更	24
30	上司とのトラブル	23
31	仕事時間や仕事条件の変化	20
32	住居の変更	20
33	学校をかわる	20
34	レクリエーションの変化	19
35	教会活動の変化	19
36	社会活動の変化	18
37	約１万ドル以下の借金	17
38	睡眠習慣の変化	16
39	親戚づきあいの回数の変化	15
40	食習慣の変化	15
41	休暇	13
42	クリスマス	12
43	ささいな違法行為	11

出典：「The Holmes and Rahe Stress Scale」Thomas Holmes and Richard Rahe, 1967 をもとに和訳
現資料：https://www.mindtools.com/pages/article/newTCS_82.htm

図表５－５　セルフモニタリング手帳の例

	4/1	4/2	4/3	4/4	4/5	4/6	4/7
7:00							
8:00	いつもより目覚めが良かった。80 点						
9:00							
10:00	上司に怒られて凹んだ。20 点						
11:00							
12:00							
13:00							
14:00							
15:00							
16:00							
17:00							
18:00							
19:00	家族と喧嘩した。30 点						
20:00							
21:00							
22:00							
23:00							

出典：出川通著『75 歳まで働き愉しむ方法、自分ロードマップで未来が見えてくる』、言視舎、2015

3 ストレスマネジメントの基礎

仕事におけるストレス

ストレスがかかる状況はさまざまですが、本書をお読みいただいている読者の皆様（特に、現在は会社員などで雇われる働き方をされている皆様）の場合、仕事におけるストレスが多くを占めているのではないでしょうか。当該ストレスは、先述の「心理・社会的ストレッサー」に該当します。要因例は、**図表5-6**にまとめました。

ストレスは職場環境のあらゆるところから発生しうるものです。これらは働く人の身体的健康やパフォーマンスに影響を及ぼし、モチベーションを下げていきます。代表的な症状としては

・寝ても疲れがとれず、翌日に疲れが持ち越される
・リラックスしたり、集中することができなくなる
・論理的に考えられなくなる
・今まで楽しめていたことが楽しめなくなる
・何事にも不安を感じやすくなる

といったことがあげられます。

ストレスの感じ方の個人差

これらのストレスがどう影響するかについては個人差があります。上司から同じことを注意されても、「今後気を付けてさらによくしていこう」などと前向きにとらえる人もいれば、「こんなことで怒られる自分はダメ人間だ」などと悩んでしまう人もいます。これは物事の感じ方によるストレス反応の違いです。

ストレスを感じやすいとされる代表的な性格を**図表5-7**に示しましたがいかがでしょうか？

これらの行動・思考パターンにあてはまる方はストレスを溜め込みやすい傾向があります。ストレスを溜めた状態が続くと、急なメンタル不調や、狭心症や心筋梗塞のリスクが高くなるといわれています。ここではストレスをためづらくするための行動や思考パターンをご紹介していきます。物事のとらえ方は、トレーニングによって変えることができます。

ストレスをためづらい行動・思考パターン

ストレスをためづらい人の代表的な特徴を紹介しつつ、ストレスをためないようにするための行動・思考パターンを考えていきます（**図表5-8**）。

① 完璧主義にならない

完璧主義の人は、自分の思い通りに物事が進まないとイライラしたり焦ったりと、大きなストレスを抱えがちです。仮に細部に気になる点があっても、全体に影響がでなさそうなら流すなど、妥協点をみつけましょう。

② 適度に周囲のサポートを求める

自分一人では難しいと思ったとしても、その感情を誰かに伝えることを良しとしない（我慢して頑張らなければと思う）タイプはストレスを抱えやすいです。

③ 柔軟に考える

現実は物事が意図した形で動かないこともあります。目標を少し下げたり、アプローチの仕方を変え別の手段を考えることで新たな道が開けるかもしれません。理想（目標）と現実とのギャップがストレスを生むので、ギャップをより小さくすることで感じ方も変わります。

図表5－6　仕事におけるストレス要因例

人間関係
上司、同僚、ハラスメント（セクハラ、パワハラ、ジタハラなど）

業務面
長時間労働、不十分な休み、量が多すぎる（少なすぎる）、裁量権がない、納期がタイト、顧客からのクレーム

キャリア面
配置転換、昇格、降格、解雇、スキルに合わない仕事

図表5－7　ストレスを感じやすい代表的な性格例

抑圧タイプ
自己主張をしないで、自分の感情（怒りや不安など）を抑える

気にしすぎタイプ
他人がどう思うか、過剰に気にする

完璧タイプ
まじめで几帳面。多くは責任感が強く、努力家

イライラタイプ
自分の思い通りにならないと我慢ならない

コントロールタイプ
競争力が強く、他人をコントロールしたがる

図表5－8　ストレスを溜めないための行動・思考パターン

① 完璧主義にならない	細部に気になる点があっても、全体に影響が出ないなら流す
② 適度に周囲のサポートを求める	自分一人で難しいと思ったらその気持ちに素直になる
③ 柔軟に考える	理想と現実のギャップがストレスに。アプローチを変えることでギャップが小さくなる

4 さまざまなストレスへの対処方法

自分自身で行なうストレスケア

ストレスを自覚した際に、自分でできる対処法を知っておくことは大切です。働けなくなってから慌てても時すでに遅しです。

図表5-9には、4種類の対策が記されています。このなかでもっとも基本的かつ重要なものが、自分自身で行なう①「セルフケア」です。

本対策は労働者のみならず、フリーランスやこれから起業を考えている方にも不可欠なものです。むしろ自身で事業の全ての責任を取る必要があるという意味では、独立後のほうがセルフケアをしっかり理解し、かつ、適切なタイミングで実践できるようにしておく必要があります。

簡単に行なえる対処法例

セルフケアに役立つ簡単な対処法をいくつかご紹介します。

① 4・7・8呼吸法

安倍元首相も実践していることで少し前に話題になりました。以下の3ステップを繰り返すだけのため、気軽に取り入れられます（**図表5-10**）。

ステップ1：口を閉じ、鼻から**4秒**かけてゆっくり息を吸う。
ステップ2：息を**7秒**止める。
ステップ3：口から息を**8秒**吐く。

腹式呼吸を意識しましょう。ポイントは「吸うよりも吐く息のほうが長い」ということです。

仕事や人間関係などでストレスを抱えていると、人の呼吸は浅くなりがちです。浅い呼吸は血行悪化や内臓の機能低下をもたらしますし、何より交感神経が必要以上に過敏になり、動悸やイライラが強まりかねません。4・7・8呼吸法で意識的に深い呼吸を取り入れることで、セロトニンと呼ばれる心身の安定に不可欠な物質が出やすくなります。

② 笑う（特に、声を出して）

強いストレスを抱えている方へのカウンセリングで「作り笑顔でもいいので笑ってみよう」とお伝えすることがあります。リラックス時に発せられる脳波「α波」は心からの笑顔でないときでも出て、ストレス軽減の役割を果たします。

声を出して笑うことの効用はさらにあるという米国テキサス大学の報告もあります。人は声を出して笑うことで血管が拡張し、一酸化窒素が放出されます。このことが、心血管の病気を引き起こすリスクを軽減するといいます。また、エンドロフィンという成分が放出されることで気分があがり、人間関係改善や深刻な状況への対処力を上げることにも繋がるのです。

③ 好きなことをする

好きなことをすれば、日々のストレスからの気分転換になります。皆様はどれだけ好きなことが思い浮かびますか？ **図表5-11**に記載してみましょう。

「家と会社の往復でこれといった趣味がない」方は、いざ退職した後にストレスを抱えることになりかねません。出来るだけ早いうちから考え、まずは実践することをお勧めします。

図表５－９　メンタルヘルス４つのケア

種類	対象者	内容
セルフケア	全員	・ストレスやメンタルヘルスについての正しい理解を得る ・自身のストレスへの気づきと対処ができる
ライン（による）ケア	管理監督者	・職場環境の把握と改善をはかる（勤怠状況や職場環境改善計画立案評価など） ・労働者からの相談に対応する ・休職者の職場復帰における支援をする
事業場内産業スタッフによるケア	産業医・衛生管理者・保健師・人事労務担当者等	・メンタルヘルスケア実施に関する計画を立てる ・個人の健康情報の取り扱いを行う ・事業場外支援とのネットワーク形成や窓口になる ・休職者の職場復帰における支援をする
事業場外資源によるケア	事業場外の機関・専門家（医師など）	・ネットワークの形成 ・外部機関からの支援を受ける

出典：『IT 技術者が病まない会社をつくる――メンタルヘルス管理マニュアル』に追記

図表５－10　4・7・8 呼吸法

4秒

吸う

7秒

止める

8秒

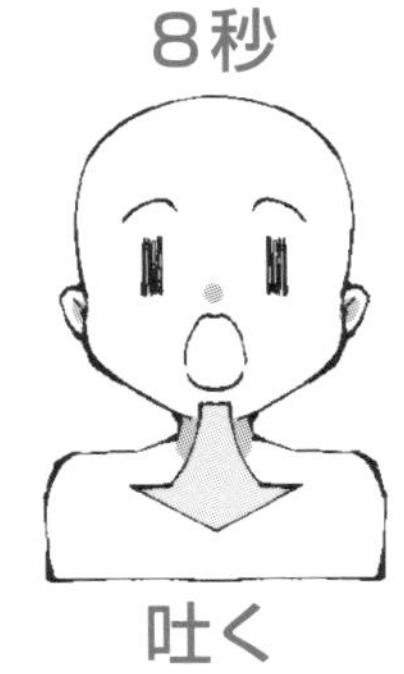

吐く

（米国アンドルー・ワイル博士提唱）

図表５－11　「好きなこと」を考えておくフォーマット

	屋内	屋外
1 人	・ ・ ・ ・	・ ・ ・ ・
2 人以上	・ ・ ・ ・ ・	・ ・ ・ ・ ・

「屋内／屋外」「1 人／複数」の４軸にあてはまる項目を各５つ、計 20 個記載できるとよいです

出典：一般社団法人日本ストレスチェック協会入門講座「不安とストレスに悩まない７つの習慣」より

フリーランスのストレスチェックを考える

労働安全衛生法の改正によって、2015 年より労働者 50 名以上の事業場にストレスチェック実施が義務付けされています(50 名未満は努力義務)。厚生労働省の「こころの耳」Ｗｅｂサイトで、この「職業性ストレス簡易調査票」フィードバックプログラムに基づき作成されたストレスセルフチェックが受検できます。

図表５－１２は結果サンプルです。どのような結果になるか、知らず知らずのうちにストレスを溜め込んでいないかどうか、みなさんも受検してみてください。

厚生労働省が作成した「職業性ストレス簡易調査票」では

A．あなたの仕事について（17 項目；A 1- A 17）＊
B．最近 1 か月間のあなたの状態について（29 項目；B 1-29）
C．あなたの周りの方々について（9 項目）
D．あなたの満足度について（2 項目）

の項目を踏まえて 57 項目に回答することで、回答者の抱えていると思われるストレス要因やその度合いについての分析が目的となっています。

項目数が少なく現場での測定も容易、かつ無料で使えるツールとなっています。なお質問項目をみると、「上司」「同僚」など該当しないものも含まれていますが、その箇所は「ストレスなし」として回答すればよいので、フリーランスの方でも活用可能といえます。

さてこの 57 項目の中で、特にフリーランスの方が注目したい項目についてコメントを加えてみます。

A.の項目をみると、A 1-3 はフリーランスでも十分あり得ることでしょう。また、A-4 はフリーランスのほうがより必要といえるかもしれません（自分自身がプロジェクトリーダーでありマネジャーであるため）。A-5 は本書で勧めている知的自営業という観点からすると当然かかるストレスといえます。逆に、A-11 が違うのであれば問題です（何のために独立起業したのか、という話になりますね）。A 12-15 も、関わる職場を自分で選べる立場になるはずですので、うまく調整できるはずです。

A8-10、16-17 はフリーランスの良さでしょう。これができないようなら似非フリーランスです。

D.の項目が「不満足」というのも要注意です。仕事と家庭生活とは完全に切り離せるものではないでしょう。かつ、フリーランスの場合はこの両者の境目が曖昧になりやすいことから、それぞれのストレスがもう一方に悪影響を及ぼすことがないように気を付けていきましょう。

＊職業性ストレス簡易調査票
（出典：厚生労働省、図は https://www.mhlw.go.jp/bunya/roudoukijun/anzeneisei12/dl/stress-check_j.pdf）

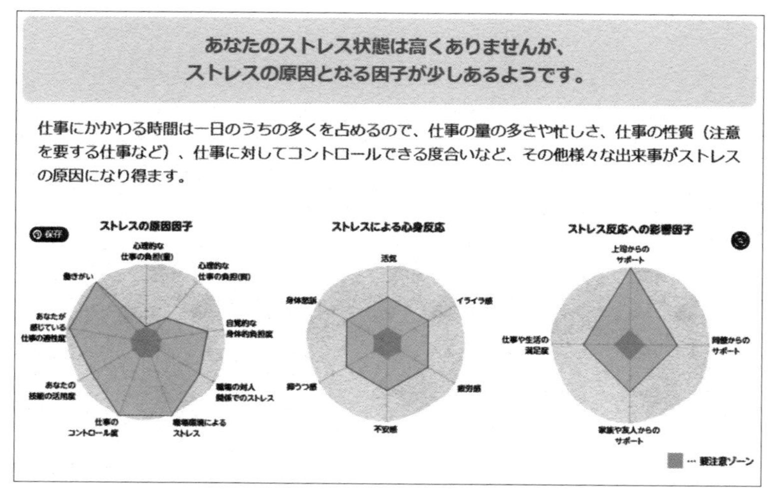

出典：厚生労働省「こころの耳」https://kokoro.mhlw.go.jp/check/index.html

図表５－１２　５分でできる職場のストレスセルフチェックの出力例

第2部：知っておくべきメンタルヘルスとモチベーション

第6章

メンタルヘルス不調の早期発見と予防対策

人生 100 年時代の中、ストレスをコントロールし、メンタルヘルス不調にならずにできるだけ長く働き続けるために、予防対策を知っておくことは重要です。万一不調になってしまったときは、早期発見の上、正しい回復方法を取っていただく必要があるでしょう。本章ではメンタルヘルスの現状を紹介しながら、働く上でのストレスやメンタルヘルスの基本を考え、望まれる働き方との関係について述べます。

第6章
メンタルヘルス不調の早期発見と予防対策

1 メンタルヘルスの現状

労働者のメンタルヘルス

知的自営業と労働者とで、メンタルヘルスの状況にどのような違いがあるのでしょうか。各種統計データから紹介します。

職業生活でのストレス等の状況について、厚生労働省が定期的に統計をとっています。

「強いストレスがある労働者とその内容」（図表6-1）の直近、2018年の統計を見ると58・0%、ここ数年高止まり傾向が続いています。さらに、第2ステージ後半にあたる40〜49歳は59・4%と平均値を上回っています。

強いストレスの内容についてもみていきましょう。2012年の1位は「職場の人間関係」ですが、2018年の1位は「仕事の質・量」となっています。

2018年統計で仕事の質・量が1位になった理由を考えてみます。まず、現場の業務量が増えていることがあげられます。業務が複雑化している中で比例して求められる業務の質の向上、さらに労働人材不足に伴い求められる業務効率化も要因になるでしょう。否応なしに個人が担う責任が増加し、それに伴うストレスも増えていることは容易に想像できます。

知的自営業のメンタルヘルス

続いて知的自営業のメンタルヘルス統計です。図表6-2で紹介しているフリーランスのメンタルヘルスに関する調査で、会社員と自営業を比較しています。

本調査では男性32%、女性68%と女性が多く、平均年齢約40歳とシニアが比較的少ないことが特徴です。比較対象であるフリーランスと会社員との母集団データが異なると、別のバイアスがかかる可能性があるという懸念はありますが、ある一定の傾向は打ち出せているでしょう。

この統計結果からは、会社員（労働者）よりも自営業のほうがメンタルヘルスが良好となっています。調査対象の自営業は多くがリモートワークで働いており、自由度高く働くスタイルが良好なメンタルヘルス維持につながっていると分析されています。これらは、本書での第三ステージの働き方の選択にも参考になるデータです。

この回答をフリーランスの「時間単価」で比較した統計結果も示されています（図表6-3）。時間単価が高いほど満足度も高く、メンタルヘルスも良好であることが示されています。これはのちに述べます、知的自営業の時間単価という課題とリンクしていきます。

まとめ

労働者と知的自営業、双方の統計から、おおまかにいうと知的自営業のほうがメンタルヘルスが良好という結果が出ています。とはいえ、メンタルヘルス不調にならない会社員もいれば、深刻なメンタルヘルス不調に悩む知的自営業もいるのもまた事実です。

メンタルヘルス不調は誰もが、どんな立場であってもなる可能性があります。今自身が置かれている状況に応じた予防対策や早期発見のポイントがあり、それらを知っておくことが不可欠です。

図表６－４　メンタルヘルス不調の要素

外因性
- 人間関係悪化
- 本人のキャパを超えた業務負荷（質・量）
- 転職、転勤などの劇的な環境変化

内因性
- 無力感にさいなまれる
- 自己肯定感が低下する

図表６－５　会社で求められるメンタルヘルス予防対策

0次予防	メンタルヘルス不調になる人を出さない風土・環境を作る
1次予防	教育研修などを実施し、メンタルヘルス不調になることを未然に防止する。健康を増進する
2次予防	不調者を早期発見し、適切な対応をとる
3次予防	メンタルヘルス不調で休職した労働者の職場復帰を支援する

図表６－６　メンタルヘルス不調に陥りやすい知的自営業の方々の特徴

知的自営業（フリーランス、起業者など）の特有の課題

① 孤独や不安を感じやすい（主にコミュニケーション面）

② 仕事をなかなかセーブできない

③ 不規則な生活をしている

④ 収入が不安定

3 メンタルヘルスの観点で考える自立時代（第三ステージ世代）

第三ステージ世代のメンタルヘルス

第三ステージ世代の方々の中にはメンタルヘルス不調や疾患といわれても「病気」という認識ができず、やる気や根性の問題としてとらえる方も少なくありません。その結果、はたから見て明らかに「予兆」があっても見て見ぬふりをし、気づいた時には身体がいうことを聞かず、働けないという事態を招くことになりかねません。

シニア世代のメンタルヘルスの特徴をまとめてご紹介します。代表的なものは、**図表6-7**にあげられます。加齢に伴う身体機能の低下が出てくるのが第3ステージ世代。それゆえ、メンタルヘルス不調に関しても（心や行動面よりは）身体症状が前面に出ることがあります。身体症状の例としては、ふらつき、しびれ、頭が重い、肩こり、腰痛、便秘などがあげられます。また、第三ステージ世代から顕著になるさまざまなライフイベントでの喪失体験（身近な人物との死別、退職や役職定年など役割の低下・喪失など）によるものもあげられます。

突然襲う体調不良のミドル世代の事例と対処

Aさん（55歳）は若い頃からファッションに興味が強く、周りからもおしゃれだといわれる女性でした。2年前の役職定年を機にフリーランスに転身し、会社員時代の人脈を駆使し売り上げも順調に伸びていました。

これからも精力的に仕事をとりに行こうと意気込んでいた矢先、Aさんを原因不明のめまいが襲いました。「疲れているのかな」とはじめは軽く考えていたものの、休んでも状況は改善しないばかりか、さらに不眠やイライラ、倦怠感も重なりとても仕事どころではなくなってしまいました。外出時に着る服選びすら億劫になり、総合病院を受診。更年期障害であると診断されました。

更年期障害の主な症状は**図表6-8**の通りで、メンタル面での不調が出ることもあります。Aさんも治療を受け、症状は改善されていますが、同時にカウンセリングを勧められ相談に来ました。単なる疲れだろうと考えず、できるだけ早く専門家へつなぐことが大切です。

なお、女性だけでなく男性にも更年期障害はあります。女性の更年期障害と違い、症状が徐々に表れること、発症年齢が広いことが相違点です。

第三ステージ世代の一般的なメンタルヘルス対策

加齢に伴う身体機能低下や退職、死別などによる喪失感など、メンタルヘルス不調を引き起こす要因を避けることは現実的に難しいでしょう。そんななかでメンタルヘルスを良好に保つためには、何かしらの目標を持ち、気持ちが前向きに保てるようにする努力を続けることだと思います。趣味や習い事を始めるなど、外部とコミュニケーションをとるだけでもメンタルヘルス対策につながります。

図表6-9の回答からも、社会と積極的にかかわることがメンタルヘルスを保つうえで効果的であることがわかります。

図表6－7　シニア世代の代表的なメンタルヘルス特徴

不安や焦燥感を訴えることが多い

身体の合併症が多い

妄想を起こすことがある

心気的な症状が多い

認知症との鑑別が難しい

出典：一般社団法人日本老年医学会（編）：老年医学系統講義テキスト初版　西村書店

図表6－8　更年期障害の主な症状

心の症状

◆落ち込み　◆憂うつ
◆イライラ　◆集中力の低下
◆無気力　◆不眠
◆不安感

身体の症状

◆のぼせ　◆肩こり
◆発汗　◆頭痛
◆冷え　◆めまい
◆動悸　◆吐き気
◆息切れ　◆腰痛
◆疲労感　◆関節痛

出典：剤盛堂薬品株式会社　https://www.zaiseido.co.jp/category/cat_mimiyori/page/2?

図表6－9　高齢社会白書

社会的な活動をしていてよかったこと（複数回答）

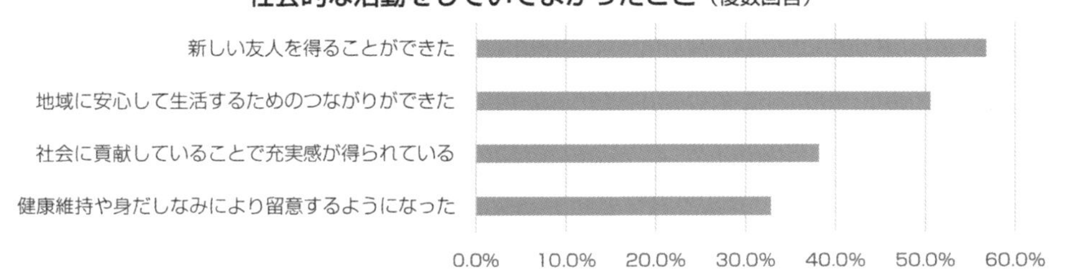

出典：内閣府平成 29 年版　https://www8.cao.go.jp/kourei/whitepaper/w-2017/zenbun/pdf/1s3s_03.pdf

4 雇われない生き方のために気をつけること

社会情勢の変化と健朗シニアのために

人生100年時代、法改正や年金制度の変遷（詳細は7章参照）に伴い企業の「定年」も変わってきています。

2020年1月にリクルート社が発表したトレンド予測によると、これからは健康で心身ともに朗らかなシニア、略して「健朗シニア」が増加する兆しがあるといわれています。第三ステージ世代が活躍するためには「生きがい」「健康」「お金」が必要です。リクルートジョブズが60～74歳の男女に「何歳くらいまで働きたいか」を調査したところ、7割が70歳を超えても働きたいと回答しています（**図表6-10**）。その理由については**図表6-11**のとおりで、先述の高齢社会白書調査結果同様、個人の存在理由を実感できる居場所を求めていることがわかります。

社会とかかわることで生きがいを得、さらに心身の健康維持にもつながり、お金も稼げる。少子高齢化等社会環境の変化に伴い、会社に属することを選んでも、独立起業することを選んでも、否応なく60代・70代になってからも働き続けることが求められる世の中になっているといえます。働く→メンタルヘルス維持→働く……というプラスの循環効果が期待できます。

知的自営業を目指す人の課題と対応

知的自営業として仕事をしていくうえで「自分事」にすることが難しいのが「会社の看板がなくなる」という事実だと思います。自分の名前で仕事をするということは、以前勤めていた会社が有名企業である、上場している、大企業であるなどは一切関係なくなるわけです。

毎回の仕事のアウトプットに対するプレッシャーは会社員の比ではありません。顧客を獲得できたとしても、仕事の成果に満足してもらえなければ、次の発注は来ないでしょう。これは第三ステージ世代特有の問題ではありませんが、会社員の期間が長いほど、ある程度のポジションに就いた方ほど強く意識したほうがいいでしょう。

さらに、労働時間もありませんので時間管理は自分で行なうことになります。健康管理も自己責任、まさにセルフマネジメントの世界になるということです。すなわち、知的自営業ならではのストレスやプレッシャーも大いにあり、メンタルヘルス不調を引き起こす可能性もあります。

自立時とメンタルヘルス課題への対応・考え方

これらの課題に対しどのように対処していけばよいでしょうか。

メンタルヘルス不調になる大きなきっかけが睡眠不足です。体調を崩しても誰かにお願いできたり、有給休暇が使えたりする会社員と違い、自分の身体が何より資本です。

私が知的自営業の皆さんにお伝えしていることは**図表6-12**の通りです。自分の限界を超えると業務効率が悪くなり、ミスも増え、結果的にクライアントからの信用問題にもつながりかねません。

図表6－10　何歳くらいまで働きたいか

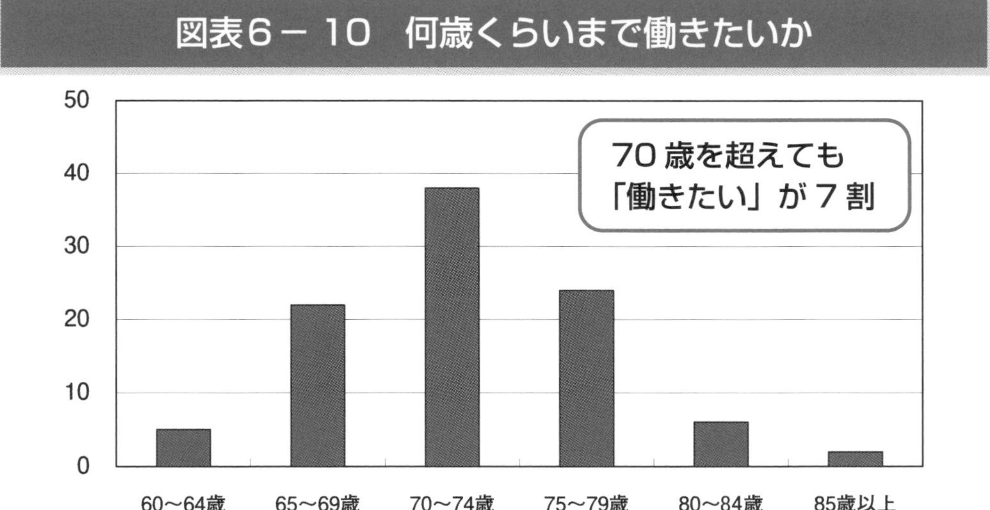

出典：リクルートジョブズ「シニア層の就業実態・意識調査2018（個人編60～74歳）」
https://www.recruit.co.jp/newsroom/recruitjobs/press/docs/20200120_01_01.pdf

図表6－11　第3ステージ世代の活躍に必要なものと、主な働く理由

生きがい
・社会とつながりを得る
・社会に貢献する

健康
・健康維持

お金
・生計の維持
・自由に使えるお金を稼ぐ

出典：リクルートジョブズ「シニア層の就業実態・意識調査2018（個人編60～74歳）」
https://www.recruit.co.jp/newsroom/recruitjobs/press/docs/20200120_01_01.pdf を元に作成

図表6－12　フリーランス・起業者がメンタルヘルス不調にならないように意識すべきこと

留意すること	ポイント
① 適度に休む	心を鬼にしてでも自分に対しての様々な要求をいったんオフにする状況を作る（メンタルヘルス不調になると要求に応えるためのエネルギーが足りず、意思決定にも支障をきたす）
② 休み方を覚える	この日は完全オフという日を設定することで、生活と仕事のメリハリを作る（どうしても難しい場合は月に働く上限時間を決めるのも有効）
③ 仕事量をコントロールする	自分のキャパを超えないように気を配ることで、理想的な働き方に近づける

COLUMN6

フリーランスの満足度と統計データとその意味

顧客の数や業種、作業時間、経験年数など自営業としてのフリーランスにもいろいろな形がありますので、あくまで参考データではありますが、次のような統計データもあります。

エン・ジャパンが運営する派遣仕事まとめサイト「エン派遣」上で、同サイト利用者を対象にワークライフバランスについてアンケートを行なった結果、もっとも満足度が高い雇用形態は「契約社員」で、最下位が「フリーランス」でした（**図表６－14**）。一概にフリーランスを選べば、会社員時代の働く不満が解消されるという簡単な問題ではないということは、あらかじめ押さえておく必要があるでしょう。

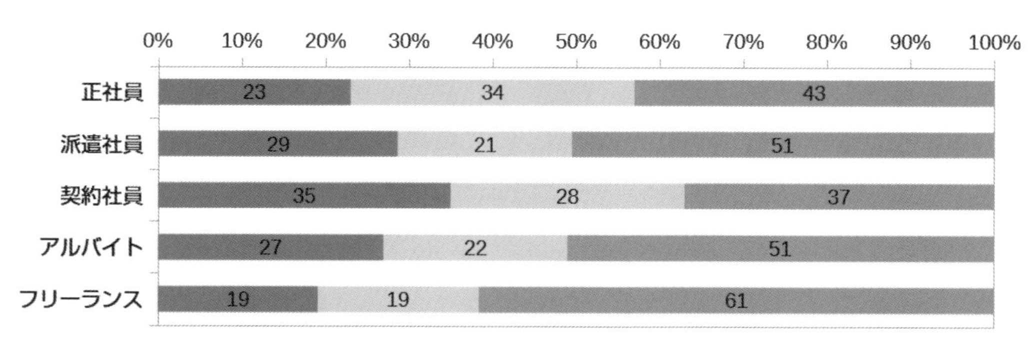

出典：エン・ジャパン株式会社「ワークライフバランス」満足度調査
https://corp.en-japan.com/newsrelease/2019/16019.html

図表６－14　就業形態別ワークライフバランス

メンタルヘルスを維持しながら働くということで重要な考え方が「ワークライフバランス」であることに異論のある人は少ないでしょう。フリーランスの働き方もさまざまで、年代分布ほか当該統計対象者の詳細データがわからないことから一概に決めることはできませんが、２つの要因を考えました。

１つは、このアンケートに回答したフリーランスの属性において、週の平均勤務時間が４時間未満との回答が25%、平均勤務日数２日までとの回答が27%あることに着目しました。いわゆる複業的な働き方なのか、あるいはもっと働きたいが仕事が得られないという意味合いなのかは推測の域を出ませんが、自分の望むライフデザインに近しい時間働き、相応の対価をもらえることでトータル満足度があがるということが伺えます（逆に言うと、そのための「稼ぐ力」を第二ステージ後半、助走期間で獲得しておく必要があるということにもつながります）。

もうひとつは、客先常駐スタイルなど案件・プロジェクト単位で異なった働き方をするケースも相応にあるのではないかという点です。つまり、案件・プロジェクトによって異なり、良い場合も悪い場合も経験しているゆえに、アンケート上の回答としては「どちらともいえない」となったのかもしれません。

なお、「どちらともいえない」割合が50%を下回っているのは正社員と契約社員で、会社で直接雇用されている方々です。おそらく組織への帰属意識という意味ではほかの就業形態に比べ強いと想像できることから、帰属意識が強いほど「良い」「悪い」がはっきりわかれるのかもしれません。

統計データの解釈にはある程度ひとりひとりのライフデザイン感が反映されるものかもしれません。自分にとってどういう働き方（就業形態・勤務日数・時間・収入・勤務場所など）が理想なのかを考えるうえで参考にしてもらえれば幸いです。

第2部：知っておくべきメンタルヘルスとモチベーション

第７章

モチベーション

ストレスやメンタルヘルスと密接にかかわっている「モチベーション」。特に自立して働くことを選択すると、モチベーションをいかに維持していくかということが課題の一つにあがってきます。本章では、モチベーションとストレスとの関連、どのようにモチベーションを上げたりコントロールしたりすることが求められるのかについて考えていきます。

特に自立する予定の方々のモチベーションについては自立・自律的に働くということ自体がモチベーション向上につながっていくのかも検討していきます。

第７章
モチベーション

第7章 モチベーション

1 モチベーションと生産性

モチベーションにかかわる基礎データ

日本は少子高齢化の進展がさらに見込まれ、労働力不足が経済成長に影響を及ぼすことが懸念されています。すでに第1章でも述べたように日本自体の人口減少もありますが、特に労働力の中核である15〜64歳年齢階層の全人口に占める割合の減少が深刻です。1992年の69・9%をピークに減り続け、2020年現在は59%余りとなっています（**図表7-1**）。

15〜64歳年齢階層は「生産可能人口」と評されていますが、元気な65歳以上の方々にも働いてもらわないと労働力が補えない状況になってきているわけです。一方で、55歳前後の管理職から半ば強制的にポストをはく奪するかのごとき「役職定年制」が設けられている企業が多く、これまで部下だった人が上司になる、給与が下がる…など要因はさまざまながら、総じて「働くモチベーションが下がる」という声が聞かれている現状もあります。

いわゆるシニア層におけるモチベーションの問題は労働内容にかかわるところが大きいようです。

モチベーションとは①概念と考え方

モチベーションの中でもまず「ワークモチベーション」という概念についてご紹介します。ワークモチベーションとは、「働く中で与えられた役割や目標を達成するために自発的に頑張ろうとする意欲」と表すことができます。

ワークモチベーション研究の歴史を20世紀初頭まで遡ると、米国のエンジニア、フレデリック・テイラーが発案した「科学的管理法」にいきあたります。これまでの経験や習慣に基づく成り行き経営になっており、労働者による組織的怠業などから労使対立や不信感が発生し問題になっていたことから生まれた考え方です。簡単にまとめると**図表7-2**の通りです。「作業についての客観的基準」とはノルマのことで、標準動作や時間を設定、ノルマ達成者へのインセンティブが、労働意欲を高めるというものです（**図表7-3**）。

モチベーションとは②各種研究成果の紹介

この科学的管理法による生産性向上が行き詰まってきます。あまりの効率性重視のため「労働者の人間性が軽視され、ロボットの如く扱っている」といった批判や、例外への臨機応変な対応は求められないなどの面で疑問が生じたからです。

1924年の人間の動機付けに関する研究がホーソン研究です。作業環境やインセンティブといった物理的欲求は生産性にあまり影響せず、「仲間とうまくやりたい」「チーム内で認められたい」という心理的要因が生産性を左右するというもので、ワークモチベーションの重要性が認識されるようになったといわれています。この研究に端を発した人間関係論の延長として生まれたのが、ハーズバーグが提唱した「動機付け―衛生要因理論」です（**図表7-4**）。

図表7－1　日本の総人口に占める15～64歳人口および65歳以上人口

総人口
1億2570万8千人

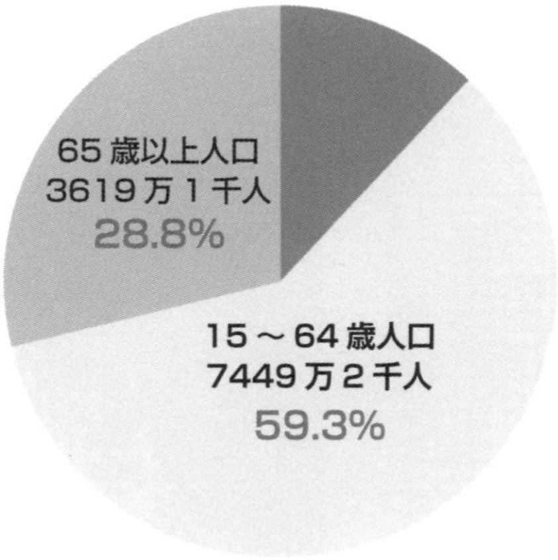

65歳以上人口
3619万1千人
28.8%

15～64歳人口
7449万2千人
59.3%

出典：総務省統計局　人口統計（2021年3月22日公表）
https://www.stat.go.jp/data/jinsui/new.html

図表7－2

作業についての客観的な基準を作る
↓
管理体制を構築
↓
生産性を増強
↓
労働賃金の上昇
↓
信頼関係の構築
↓
さらなる生産性向上へ

図表7－3　科学的管理法

経験や習慣に基づく成り行き経営
↓ 組織的怠業発生　労使関係対立
生産性上がらず

作業についての客観的な基準（ノルマ）を作る（標準動作・時間の設定など）
達成できた場合はインセンティブを支払うことで動機付け
↓ 労使関係改善　労働意欲向上
生産性向上につながる

図表7－4　動機付け - 衛生要因理論

動機付け要因
<「満足」を招く要因>
あればあるだけやる気・モチベーションにつながる

- 達成感
- 承認
- 仕事そのもの
- 責任
- 昇進

衛生要因
<「不満足」を招く要因>
整っていないと不満につながる

- 会社の管理体制
- 作業状態
- 給料
- 上司の在り方
- 上司との関係

2 ワークモチベーションとは

自分のワークモチベーションの源を考える（思考実験）

あなたは、宝くじで10億円あたったら働きますか？

10億円≒一生働かなくても食べていける財力を獲得したと考えたときに、「働かない」と答えたあなたのワークモチベーションは「お金」といってよいでしょう。おそらく多数派は「10億円あっても働く」と答えるように思います。お金を得ること以外のワークモチベーションがあるのです。

まもなく定年を迎える方の中には、定年後も「社会の役に立ちたい」とお考えの方もいると思います。ワークモチベーションが「自身の能力表現・実現」であれば、現在所属している組織を離れてもできるかもしれない、あるいは、組織の足かせがないほうが自由に表現できるかもしれない、などと考えていくことができます。

図表7-5に例をあげます。いずれにしても、自身にとってのワークモチベーションが満たされたときに、我々は生き生きと働けます。逆にこれらのワークモチベーションが満たされないと、葛藤が生じ、ストレス反応が引き起こされることも多いです。すなわち、ワークモチベーションを正しく把握することによってメンタルヘルス維持につながるのです。

シニア年代サラリーマンのモチベーション

日本企業では60歳定年が主流で、再雇用の道は用意されていてもなかなか満足して働き続けられないという相談をよく受けます。60歳定年といっても、55歳ころからは役職定年を設けている企業もあり（大企業ほどその傾向が高い）、それまで会社に貢献してきた自負を持っていればいるほど、役職定年前後でワークモチベーションがさがることが多いです。

パーソル総合研究所が2018年に「役職定年制度が40代～60代のミドル・シニアの躍進に与える影響について」のレポート（**図表7-6**）を公開しました。「自分のキャリアと向き合う機会になった」といったポジティブな変化もありますが、「仕事に対するやる気・モチベーションが低下した」「自分の存在価値を見失ったと感じた」などネガティブな変化も多く見られます。

収入減よりもスキルの（専門能力）活かし方

役職定年後の年収について、2018年7月に発行された公益財団法人ダイヤ高齢社会研究財団の報告書によると、現状維持ができるのは1割弱。実に約4割が年収半減以下です（**図表7-7**）。

ただし、2019年12月に一般財団法人企業活力研究所が50～64歳の会社員を対象に実施した意識調査によると、収入減とシニアのモチベーションの関連は明確になっていません。明らかになったのは「①スキルが活かせる仕事を担うこと」「②仕事に対する適正な評価がなされること」「③働きぶりが正当に評価され報酬に反映されること」。単に「収入減→モチベーションダウン」では片づけられません。①～③を満たすためには、50代までに獲得したスキルを60歳以降にどう活かしていくかがポイントになります。

図表7－5　代表的なワークモチベーション

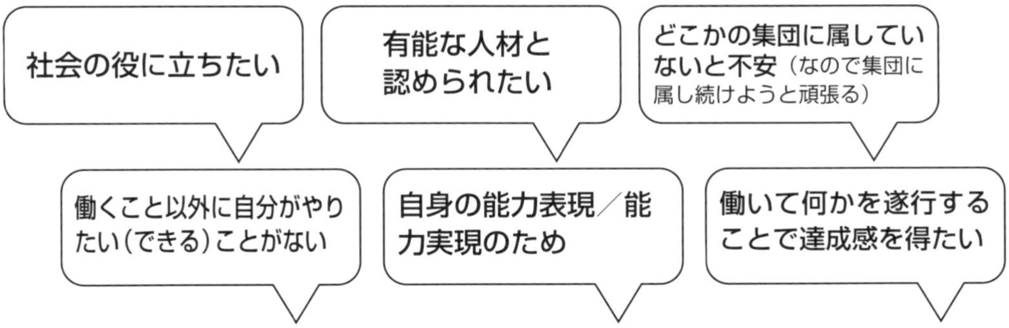

社会の役に立ちたい

有能な人材と認められたい

どこかの集団に属していないと不安（なので集団に属し続けようと頑張る）

働くこと以外に自分がやりたい（できる）ことがない

自身の能力表現／能力実現のため

働いて何かを遂行することで達成感を得たい

図表7－6　役職定年後の仕事に関する意識の変化

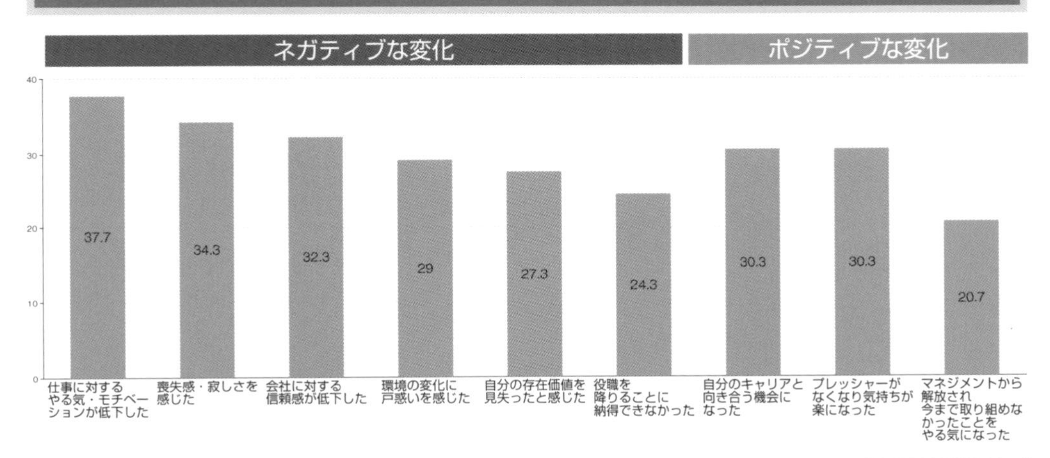

出典：パーソル総合研究所 https://rc.persol-group.co.jp/thinktank/research/column/201809200001.html

図表7－7　役職定年後の年収水準の変化例

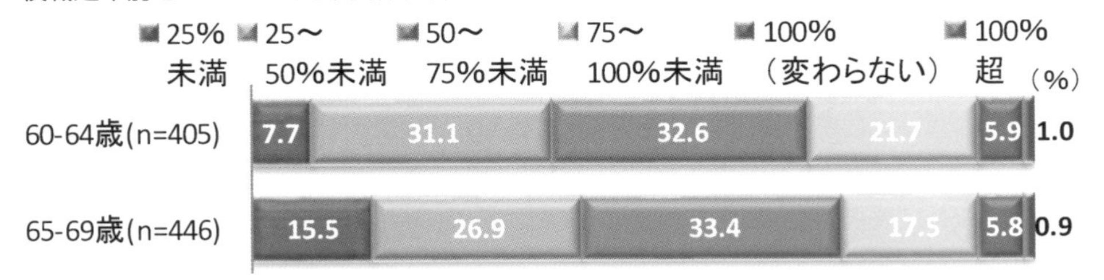

出典：公益財団法人ダイヤ高齢社会研究財団　https://dia.or.jp/disperse/questionnaire/pdf/questionnaire_20180831_01.pdf

第7章　モチベーション

3 モチベーション向上のためのアプローチ

内発的動機付け・外発的動機付け

　本項では、モチベーションを向上させ人生の第三ステージの主年齢層である60～70代以降も働き続けるために必要なアプローチについてみていきます。

図表7-4の動機付け―衛生要因理論にも通じる考え方で、「内発的動機付け・外発的動機付け」というものがあります。（**図表7-8**）

　外発的動機付けは物理的な限界があり（ボーナスには原資が必要ですし、昇格させたくても役職には限りがあります）、効果も一時的なものが多いですが、内発的動機付けには物理的な限界がないのも特徴です。自分の考え方、意味の与え方によってコンスタントに動機付けが可能です。この内発的動機付けをいかにしていくかが、自立を目指す第三ステージを有意義に過ごすために必要だと言えます。

シニアに必要なアプローチ

　50歳までの第二ステージにおけるモチベーションの多くは外発的動機付けかもしれません。将来のために働き評価されお金を得ることが中心のモチベーションというわけです。しかし、第三ステージからは会社を離れたり、所属していたとしても役職定年などで会社の中での自分の役割が変わるなかで、自分を活かせる新たな役割を見つけ、「人生100年時代」に合わせ長く働き続けられるかどうかが中心のモチベーションになっていくことが求められます。そのためには、働くことの充実と満足を高め「自分の働きが承認されている」「世の中の役に立っている」実感を得ることが大切です。

「承認」というのはマズローの欲求5段階説（**図表7-9**）にも通じる大きなキーワードです。3段階目の「社会的欲求」を経て、「承認欲求」になります。

　そして「自己実現欲求」を満たせるかどうかが、第三ステージからの人生が豊かになるかの鍵です。これが自立を決断する分かれ目になるかもしれません。

　そこで自立して働くためには、この内発的動機付けにつながる「自分の強みとなるスキルや専門性は何か」ということをおさえる必要があると考えています。これらを問われてしっかり答えられないとなると、「70代でも現役」を目指すのは難しく、逆算して50歳くらいまでには自分のキャリアの棚卸の必要があるでしょう。

キャリアの棚卸
――ライフラインチャート

　キャリアの棚卸に役立つツールをご紹介します。

図表7-10に示したライフラインチャートでは、これまでの（職業）人生を満足度という尺度を用いて1本の曲線で表しています。

　イメージが完成したら、満足度高低と理由、そして転機となる出来事について振り返りましょう。「昇給や昇格については満足度にあまり大きな影響を及ぼしていない」「○○部署に異動してから満足度が上がっている」など、振り返ることで自分のモチベーション＝未来への活動の源泉としての強み、スキル、嬉しさの源泉がみえてきます。

図表7－9 マズローの欲求5段階説

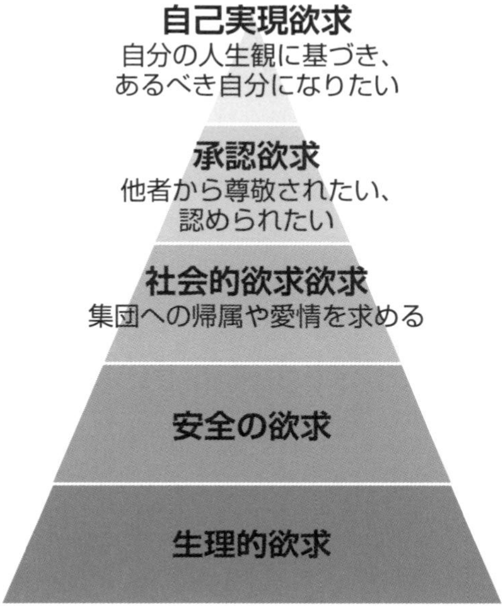

自己実現欲求
自分の人生観に基づき、
あるべき自分になりたい

承認欲求
他者から尊敬されたい、
認められたい

社会的欲求欲求
集団への帰属や愛情を求める

安全の欲求

生理的欲求

図表7－8 内発的動機付け・外発的動機付け

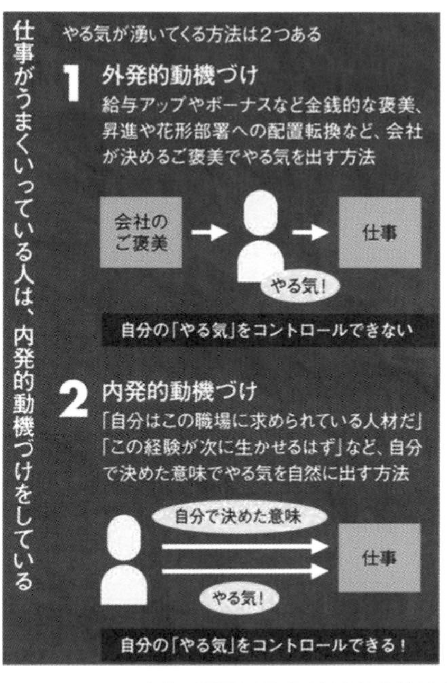

出典：PRESIDENT 2016年8月15日号

図表7－10 ライフラインチャートイメージ図

自分の人生に大きな影響を与えた代表的出来事を洗い出す
満足度 高：うれしかった、楽しかった、やる気があったとき
満足度 低：悲しかった、やる気がおちたとき
→人生の山と谷が一本の線で明示される

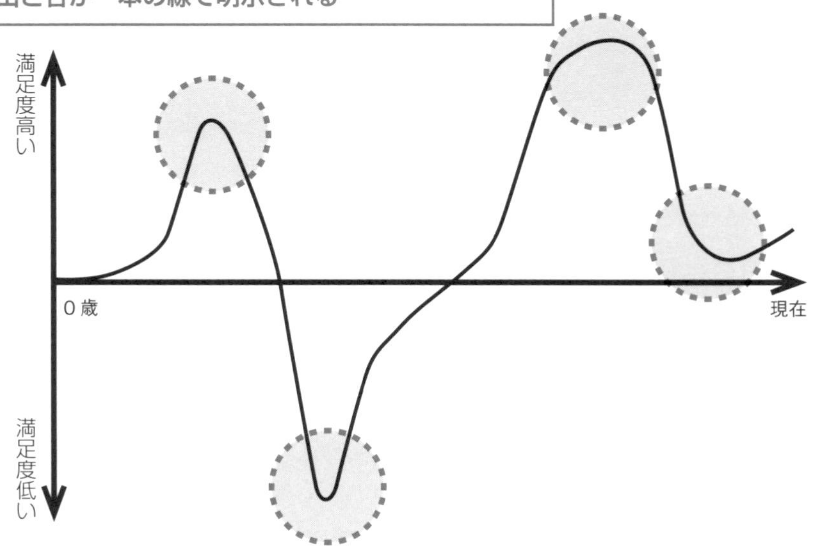

4 セルフ・モチベーション・コントロール

モチベーションを動かすものとは

自分自身のモチベーションを自らコントロールすることは、シニア世代に限りませんが心身健康で働き続けるために不可欠です。

「モチベーション3・0」の著者、ダニエル・ピンク氏は「モチベーションを動かすのはまさにモチベーションである」（**図表7-11**）と語っていますが、ここでいうモチベーションは「内発的動機付け」です。

成功報酬型に代表される外発的動機付けには限界があり、必要なものは内発的動機付けです。内発的動機付けは「個人的な理由」そして「感情的な動機」と言い換えられます。自分にとって好き、面白い、重要…これらの個人的な感情をもとにモチベーションが働き、エネルギーが得られます。

モチベーション、特に内的なものは自分でしかスイッチを入れられません。「実現したい結果を明確に」するトレーニングをできるだけ若いうちからすることをお勧めしています。過去は変えられず、未来も完全にはコントロールできませんが、起こった出来事に対しどう意味づけをしていくかは自分の意志で決められます。

参考までにモチベーション研修で行なわれるトレーニング例を**図表7-12**に示します。

シニアの働き方とライフラインチャートとの関連

先述のライフラインチャートで「キャリアのピークは30代後半だった」などと、過去の栄光に縛られ身動きが取れなくなっているシニア世代の声を聞くことがあります。ピークは過去であるという自己意識から、いかに「新たな自分を生み出す」ように意識を向けていけるかがカギになります。

私がこれまで相談に乗ってきた方の例でも、早い段階から、その会社のみならずどこでも通用するスキルを習得してきた人は、50歳を待たずに独立起業の道を歩んでいるように思います。自分が会社の中で培ってきたことは（すぐに会社を卒業しないとしても）違う環境下においても活かせる、評価されるかを身をもって知っておくことは大切です（例：**図表7-13**）。

ライフデザインとモチベーション

会社のために、組織のために働いてきたミドル世代が役職定年を迎えるなど、改めて自己の人生戦略を練り直す必要性に迫られる時がきます。自分のために自己決定ができるかどうかがモチベーション（特に内発的動機付け）に大きな影響を与え、メンタルヘルス維持にもつながります。まさに本書で推奨している第3ステージにおける「雇われない生き方」ならば実現できる可能性は高いと言えるでしょう。

自分の人生は言うまでもなく自分のものです。自分が望む生き方、ライフ（キャリア）デザインのために、モチベーションを自分自身でコントロールしていけるようになりたいものです。働く意味や生き方などを早くから整理し、会社人間から自立した仕事人間への脱皮を図るためには何が必要なのかを認識しておきましょう。

図表７－11　モチベーションを動かすのはモチベーション

外発的動機付け
・指示命令
・ノルマ 金銭的報酬（飴とムチ）

やる気を失わせる

内発的動機付け
・自分にとって重要
・自分にとって好き

やる気が高まる

出典：ダニエル・ピンク「モチベーション 3.0」をもとにまとめたもの

図表７－12　モチベーション自己診断（感情を洗い出し点数化）の例

（記入例）
モチベーション自己診断：自分のモチベーションの元となる「感情」を洗い出し、点数化する（ネガティブ 1――――――――10 ポジティブ）。
・日付・できごと（端的に）・感情・ネガティブ／ポジティブ点数（10 点満点）をまとめる
・自分の原動力を理解する：数になった要因を把握する（自己重要感など）
・自己を客観視し、自分を動かす原動力を理解する
・モチベーション向上のための目標を作る：実現したいことの明確化
・目標を作る（××までに何を実現したいか？）
・モチベーションコントロールの仕方：ポジティブな意味づけを行なう
・触れる情報を意図的に選ぶ（できるだけポジティブなものを取り入れる）
・常に自分の感情と向き合う（①の感情点数化を習慣化する）

No.	日付	出来事	感情	点数
1	3/30	年下の部下と喧嘩した	腹が立った	3
2	3/31	ボランティア先の先輩から褒められた	嬉しい	7
3	4/1	新しく入ってきたスタッフの態度に違和感	イライラ	4

図表７－13 「新たな自分を生み出す」ように意識を向けた事例

入社後、社内ではエース級として活躍（20～30代初め）

↓

社外との合同プロジェクトに参加（社外では普通の人との認識と自覚、30代）

↓

一念発起して、自主的に異分野交流、勉強会、資格取得（視野の狭さを広げ、社外でも一目置かれる）

↓

社内では超エース級、社外からも声がかかる（経営・周囲から認められ、副業・複業の許可・奨励）

↓

今後は、社内で役員、または自立して十分やっていける（第三ステージへの準備完了）

図表７－14 モチベーション 2.0 から 3.0 へ

	モチベーション 2.0	モチベーション 3.0
対象社会	工業化社会	情報化社会
動機付け	外発的動機付け	内発的動機付け
行動規範	報酬と処罰（アメとムチ）	自己実現（志、愉しみ）
対象	従属性（会社のために）	自律性（自分のために）
方法	コントロール（管理）	熟達（新しいことを学び想像する）
ターゲット	ミッション（与えられた目的）	価値創造（自分の目的）

COLUMN7

モチベーション1.0から3.0への変遷

モチベーション3.0とは、2009年にダニエル・ピンク氏が自著の中で提唱した新しい動機付け方法のことです。人間のモチベーションは、1.0、2.0と拡張されてきて、現在3.0の時代になっているという考え方です。

モチベーション1.0、2.0について、少し説明しましょう。モチベーション1.0は人間が持つ原始的、本能的なやる気のことで「生理的動機付け」と呼ばれます。そこから拡張されたモチベーション2.0が、これまで述べてきた「外発的動機付け」で、簡単に言うと“アメとムチ”です。「社長に怒られたくない」「これをクリアできれば高いインセンティブがもらえる」という、外からの刺激によって頑張らせる動機付けです。単純作業が多く、「どれだけ早く、多くこなせるか」がポイントとなっていたころには効果的でしたが、現代は単純作業よりもクリエイティブやイノベーションが重要視される社会になってきました。その結果、視野が狭くなる、自由な発想が出づらくなる、直接成果につながらないこと（ホスピタリティなど）への意欲がなくなる、周りと協力しない…などの弊害もでています。

そんななか求められるようになったのがモチベーション3.0です。「自分が楽しいから頑張る」に代表される、自身の心の内側から湧きだされる動機付けが変化の大きい現代社会を生き抜くために必要になるのです。

モチベーション2.0は単純作業が多い時代には効果的だったわけですが、今後これらの作業はロボットなどに置き換わり、仕事が減少していくことは目に見えています。また副業・複業が珍しくなくなり、「収入が少なくても明確な目的意識が得られる仕事なので続ける」という形で、実入りの多い仕事を辞めてまで副業での仕事を行なう人も出てきています。これは、モチベーション2.0では説明ができません。

本書で推奨している「雇われない働き方、生き方」のためには、自分でモチベーション高く自律的に行動をすることが求められます。

ダニエル・ピンク氏は、世の中には「タイプX」と「タイプI」という2パターンの人間がいると述べています。タイプXのXはextrinsic（外来性の）からきており、名声、金銭など外発的な欲求がエネルギー源です。タイプIのIはintrinsic（内在的な）からきており、成長欲など自分の人生をコントロールしたいという内発的な欲求がエネルギー源です。

タイプに優劣はないということに注意しましょう。また、多くの場合タイプXの人にもタイプI的側面（成長欲など）が、タイプIの人にもタイプX的側面（外部報酬など）があるでしょう。ただ、主な動機付けがどちらか？ということでタイプを区分していると考えればよいです。

安定して仕事を得、幸福な人生を送るためには、仕事を通じてスキルアップをしていくよう意欲的に行動しなければなりません。これらはモチベーション3.0の特徴そのものといえ、知的自営業の皆さまこそ不可欠なものでしょう。

雇われる生き方を卒業しようと思っているが、現在の自分が「タイプX」かも…という方がまったく知的自営業に向かないかというとそうは言い切れませんので安心してください。後天的にタイプIになった方もたくさんいます。後天的に培うためには、本書で推奨している「助走期間」が効果的であるともいえるわけです。

第３部　生涯設計のファイナンシャル・プラン（ＦＰ）

第８章

ファイナンシャル・プランに関する基礎

「人生 100 年時代」を通じたライフデザイン上、どのようなキャリアを選択しその後具体的に目標をどのように実現していくかはお金と大いに関係してきます。

特に第三ステージという人生後半戦において自立を選択肢とするときはさまざまの可能性を持ちます。そのうえで生活基盤である「収入」をどう得ていくか、老後資金は問題ないかなど、あらかじめ試算できるようにしておくことが大切です。本章ではその基本的なポイントを示します。

第８章
ファイナンシャル・プランに関する基礎

- ８－１　ＦＰについて学ぶ必要性
- ８－２　社会保険制度の基礎と概要
- ８－３　公的年金制度の概要
- ８－４　人生後半期のライフプランと収入計算

第8章 ファイナンシャル・プランに関する基礎

1 FPについて学ぶ必要性

年金不足2000万？は自立しない場合を前提とした話

2019年に大きな話題になった「年金不足2000万円問題」。金融庁の金融審議会市場ワーキンググループの報告書において「夫65歳以上、妻60歳以上の夫婦のみの無職の世帯では、毎月の不足額の平均は約5万円であり、まだ20～30年の人生があるとすればという仮定のもとで、不足額の総額は単純計算で1300万円～2000万円になる」と書かれたことがきっかけです。

詳細は**図表8-2**に示しています。“平均的な収入”は公的年金を含んだ金額になっている点がポイントです。「65歳以降を無職で過ごすという前提」下にはなりますが、公的年金以外に人生100年時代を見据えた別の収入を少しでも確保することをできるだけ若いうちから考えていく必要があることを示唆しています。

年金不足2000万円の本質

ただし、「2000万円」という数字のインパクトが強すぎたせいか、真意を飛び越えて数字だけが独り歩きしているきらいもあるように感じています。

前述の報告書に次の記載があります。この金額は、あくまで平均的な不足額から導き出したものであり、不足額は各々の収入・支出の状況やライフスタイル等によって大きく異なる」

実は本書のライフデザインに大切な老後資金について考えるきっかけをこの報告書は与えてくれているのです。住宅ローンは？退職金は？定年退職後の収入はあるか？など、状況によって当然必要金額は変わってきます。

そのために、生涯をどう生きたいか？というライフプランを作成し、このプランを見据えた資産形成を考える時代になってきます。**図表8-3**で紹介していますが、65歳以降も働ける健康と意欲があれば、最低賃金レベルの時間単価（時給1000円と仮定）で働いても、10年頑張れば計算上不足額2000万を補うことができます。このような計算をいろいろな仮定の下で自分で行なうことがFPの第一歩として大切です。

FPとは何か、そのプロセスとは

ファイナンシャル・プランニング（FP）の実作業プロセスは、以下の**図表8-1**のようにまとめることができます。

図の中にライフプランという言葉が出てきました。これはライフデザインを考えるうえで不可欠です。FPについて考える＝ライフプランがあることが前提となっています。生涯の目標があり、それが保有している財政的資源の活用によって実現可能なものかどうかを考えていくことになります。

例えば、突然の災害や不幸、また新型コロナウイルスによる収入大幅減少などのリスクも含めて余裕をもった視点が大切です。特にミドルとして、退職の時期を見据え、どのような形で現在の（サラリーマンの）職を卒業するべきか、その後の第三ステージでの生活と収支をどうするかを考えて行動する必要があります。

図表８－１　ファイナンシャル・プランニング（FP）作成のプロセス例

① 資産、負債、保険などのデータを集める

② 自分の夢や希望を明確にして、現状を分析する

③ ライフプラン上の目標達成のために、貯蓄や税金、保険対策などを考える

④ トータル資金計画を作成する

図表８－２　高齢夫婦無職世帯の収支

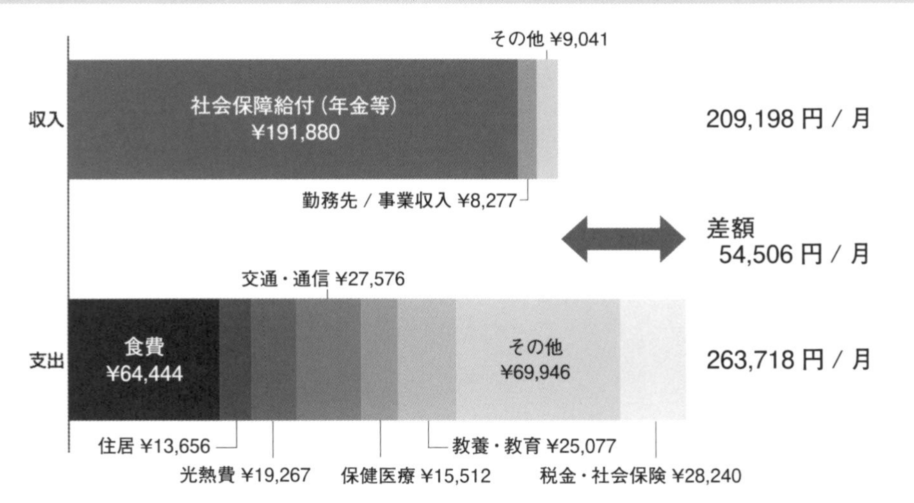

出典：第 21 回市場ワーキング・グループ厚生労働省提出資料　金融庁
https://www.fsa.go.jp/singi/singi_kinyu/tosin/20190603/01.pdf)

図表8-3　年金不足 2000 万円の根拠となった計算とライフデザイン対応策例

不足額 / 月 約５万円	×	年間 12 カ月	×	95 歳まで生きると仮定 × 30 年（95 － 65）	＝	1800 万
16 万 / 月 （時給 1000 円× 8 時間× 20 日）	×	年間 12 カ月	×	10 年 （75 － 65）	≒	2000 万

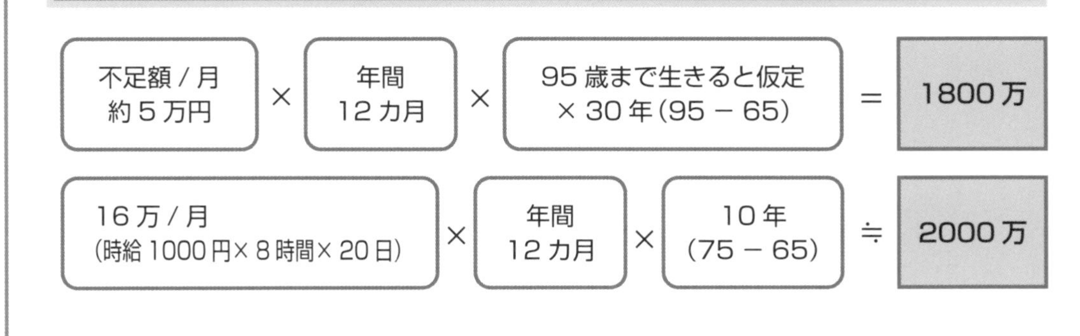

2 社会保険制度の基礎と概要

ライフプランを見据えた資産形成を考えるうえで最低限知っておいたほうが良い社会保険制度の簡単な知識についてまとめました。

公的医療保険の概要

公的医療保険はいくつか種類がありますので、わかりやすくするために年齢と勤務形態による公的医療保険の違いを**図表8-4**にまとめました。

公的医療保険の制度は、大きく従業員の健康保険（被用者保険）と国民健康保険（地域保健）に分かれます。75歳以上になるとこれらの保険から脱退し、自動的に後期高齢者医療制度に加入します。

従業員の健康保険（被用者保険）は、全国健康保険協会が運営する協会けんぽ（協会管掌健康保険）と、大企業などが自前で設立した組合運営の組合健保（組合管掌健康保険）です。保険料負担は協会けんぽが会社と本人との折半、組合健保は組合ごとに定められています（折半ではなく、本人負担が少ないことが多い）。

自営業（従業員雇用している法人経営者は除く）として個人事業主になると国民健康保険に加入します。この医療面でのサービスは制度間で特に違いはありません。なお、退職後要件を満たす方が希望すればこれまでの健康保険を継続できる任意継続被保険者制度を利用できます（保険料は全額自己負担、加入期間は2年間）。第3ステージ世代の自立して働く方の場合、それまで会社からもらっていた給与額を考えるとこの制度を活用したほうがお得になることが多いでしょう（お住まいの市町村で試算してもらえます）。

介護保険の概要

運営主体は市町村です。単独で身の回りのことをするのが難しくなった際に、原則自己負担1割（限度額あり。また、所得によって割合が2~3割になる）で介護サービスを利用できる制度が介護保険です。被保険者は**図表8-5**の図のように2種類に分けられます。働き方を問わず対象年齢であれば利用できます。

雇用保険の概要

雇用保険は、一般に「失業保険」と呼ばれることが多いですが、失業給付以外にも多くの給付があります。

組織を卒業したあと、第3ステージ世代に身近な給付としては「雇用継続給付」があげられます。この給付の1つである高年齢雇用継続給付は、60歳到達時の賃金の75%未満に低下した状態で就労している60歳以上65歳未満の雇用保険一般被保険者に支給されるものです。この中身は**図表8-6**のように分けられます。

この2つの給付金の違いは、失業給付の受給有無にあります。雇用継続には、退職後間をあけずすぐに別会社に就職した場合も含まれます。なお、雇用保険は基本的に「労働者」の保険のため、自身が事業主である知的自営業は対象外となります（失業給付申請タイミングにも注意が必要です）。

これらの給付を受けることで、公的年金が支給停止になることがあります。事前にトータルでもらえる金額についてよく試算することをお勧めします。年金保険制度については次の項で述べます。

図表8－4　Aさんの公的医療保険の変遷

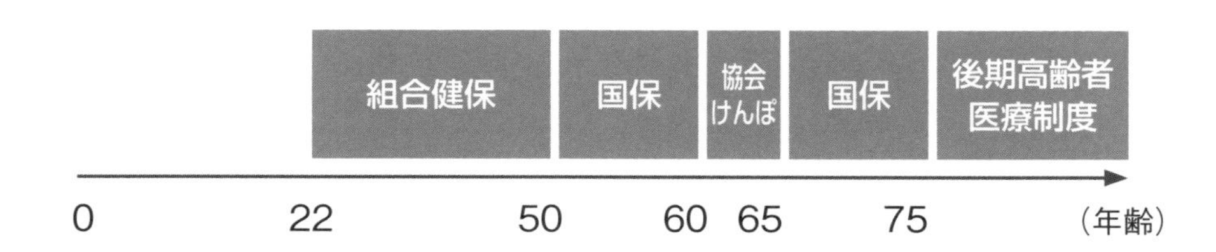

Aさん：22歳で親元を離れ大企業に就職。50歳で独立、知的自営業に。
60歳のときにベンチャー企業の役員（雇われ経営者）に就任、65歳まで務める。
現在76歳。

図表8－5　介護保険のしくみ

被保険者種類	対象者	保険料納付方法	介護サービスを受けられるタイミング
第1号被保険者	65歳以上	原則公的年金から天引き	要介護・要支援（下注*参照）になった原因問わずOK
第2号被保険者	40歳以上65歳未満の健康保険加入者	健康保険料、国民健康保険料などに上乗せ	特定疾病になった場合のみOK

*要介護：介護が必要な状態。支給限度額は介護の度合いによって決定
*要支援：社会的な支援が必要で、一部の支援または部分的な介護が必要になった状態

図表8－6　雇用保険　高年齢雇用継続給付

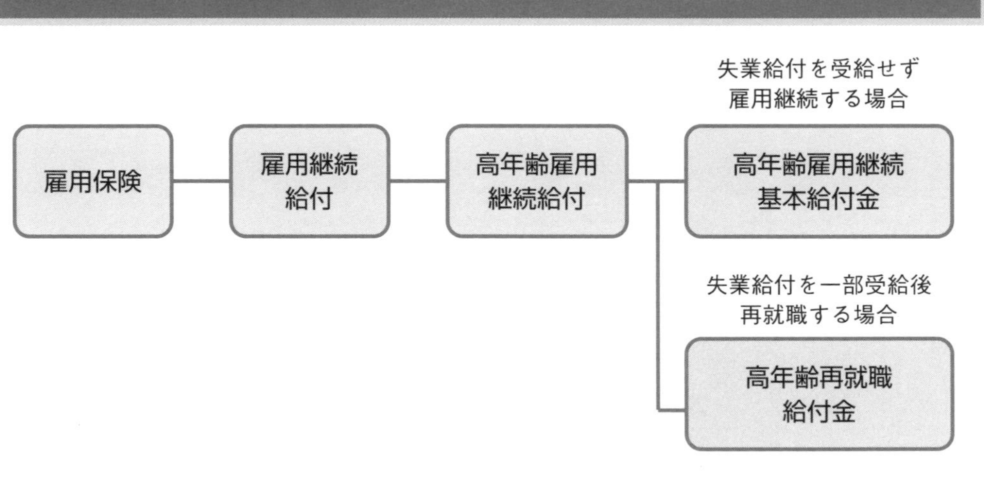

3 公的年金制度の概要

公的年金と老齢給付

公的年金は国が社会保障の一環として運営しており、国民年金と厚生年金の2つです。国民年金は20歳以上60歳未満のすべての人が加入します。会社員はさらに厚生年金に加入します。厚生年金の給付額は在職中の給与水準と加入期間などによって変わります。

図表8-7にこの公的年金制度を簡単にまとめました。1階部分がすべての年金の土台となる「基礎」年金である国民年金で、2階部分が厚生年金になります。

公的年金の老齢給付には大きく「老齢基礎年金(国民年金)」と「老齢厚生年金」があり、保険料の納付済・免除・合算対象期間を合わせ10年以上の期間が必要です。

老齢基礎年金・老齢厚生年金の受給開始年齢は原則65歳ですが、繰上げ受給、繰下げ受給も選べます(**図表8-8**)。ただし繰上げか繰下げは一度選ぶと変更できないので、年金事務所にて試算をしてもらった上での給付をお勧めします。

加給年金と在職老齢年金

加給年金とは、自身の厚生年金被保険者期間が20年以上かつ生計を維持している65歳未満の配偶者がいる場合につきます(18歳未満の子供がいる場合も対象ですが、現実この世代で18歳未満の子供がいる方は少ないと思われますので配偶者についてのみ紹介)。

ざっくり表現するならば年下の配偶者がいる人が、配偶者が65歳になるまで受け取れる「年金配偶者手当」のようなものです。年金繰下げして70歳から受け取る場合、配偶者の年齢も考えておく必要があります。

「在職老齢年金」とは、60歳以降も企業でフルタイム等で働く(=厚生年金加入)場合に適用される〝減額制度〟のことです。雇用延長や定年延長の方は要注意です。

受け取る老齢厚生年金の額は給与等の金額に応じて減額されます。現時点では、60~65歳未満の場合は28万円、65歳以上では47万円以内に収まっている場合の年金減額はありませんが、2022年4月からは65歳未満でも47万円に引き上げられます(**図表8-9**)。これまで満額の年金のために仕事をセーブしていた方にとってはメリットになりうるでしょう。

ただし、先述の通り在職老齢年金で減額された分は戻らない(=減額された金額をもらい続ける)ため、60歳以降の働き方を早めに検討しつつ、繰下げするかなど考えるのが望ましいです。会社の役員などで、在職老齢年金によってかなり持っていかれる方は、繰下げをしても思ったほど年金が増えない可能性があるからです。

自立して自営業者になると、年金はカットされない

知的自営業の視点から考えると、在職老齢年金は厚生年金加入者が対象になりますので、自営業としての稼ぎがどんなにあっても年金はカットになりません。

65歳過ぎてもバリバリ働きたいという方は、第3ステージ世代になったら会社と業務委託契約を結ぶなど、65歳以降も年金に頼らずやっていける体制を築いたうえで年金の繰下げ受給を行なうという方法も有効になると思われます。

図表８－７　公的年金全体のしくみ

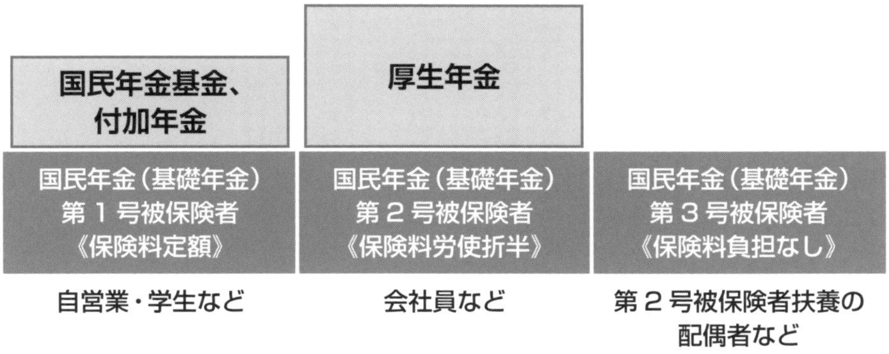

国民年金基金、付加年金	厚生年金	
国民年金（基礎年金） 第１号被保険者 《保険料定額》	国民年金（基礎年金） 第２号被保険者 《保険料労使折半》	国民年金（基礎年金） 第３号被保険者 《保険料負担なし》
自営業・学生など	会社員など	第２号被保険者扶養の配偶者など

図表８－８　老齢基礎年金・老齢厚生年金繰上げ・繰下げまとめ

	60～64歳 繰上げ受給	65～69歳 繰下げ受給
減額・増額（額面）	0.5%×月数の減額	0.7%×月数の増額
年間増減率（額面）	6～30%の減額	8.4～42%の増額

図表８－９　在職老齢年金の変更点

～2022年3月	給与収入＋在職老齢年金	年金
60～65歳未満	28万円以下	全額支給
	28万円超	一部または全額支給停止
65歳以上	47万円以下	全額支給
	47万円超	一部または全額支給停止

2022年4月～	給与収入＋在職老齢年金	年金
60～65歳未満	**47万円以下**	**全額支給**
	47万円超	**一部または全額支給停止**
65歳以上	47万円以下	全額支給
	47万円超	一部または全額支給停止

第8章 ファイナンシャル・プランに関する基礎

4 人生後半期のライフプランと収入計算

プランニングの必要性

人生後半期のライフプランを考えるうえでは、収入・支出構造が大きく変化することからしっかりとしたプランニングが必要です。特に知的自営業を目指す人たちにはとても重要です。

先述の通り公的年金に関しては受給開始年齢が引き上げられ、受給額も低下傾向です。貯金額等にもよりますが、第3ステージの生活費を公的年金だけに頼ることは難しいでしょう。

さらにいうと、医療保障制度の改正についても議論され始めていることから、医療費の自己負担増に関する懸念もでてくるでしょう。介護保障制度は有難い制度ではありますが、これだけでは十分な給付水準ではないと考えられ、万一自分自身や配偶者など身近な人が介護状態になった際には経済的・精神的な負担が大きくなることも容易に想像できます。

資金設計にあたっては、定年退職まで間があるかないかで変わってきます。定年間近の場合（第3ステージ）は、老後のお金の使い方、退職までに準備したい金額、足りなくなることを想定して定年退職後どのようにそのお金を稼いでいくかを第2ステージの在職中（卒業前）から考えましょう。

ライフプラン検討方法（準備段階、自分シナリオ作り）

もし皆さんがまだ卒業前（第2ステージ）であれば、住宅ローンや教育費、自己投資資金などとのバランスを考慮しつつ生涯のライフプランを検討していきます。

まずは**図表8-10**のようなキャッシュフロー表に記載していきます。現在の自分の年齢をスタートに、できれば100歳までの家計収支の動きをまとめていきましょう。現在50歳前後であれば、最初の5年程度は1年単位で、それ以降は5年区切りくらいでよいでしょう。自分、同居している家族の年齢も書きこみます。

ライフイベント欄には、子どもの学校入学卒業、自身や配偶者の役職定年、いつ知的自営業としてスタートを切るのかなどを書き込みます。現時点で決まっていることだけでなく、予定や希望を含めて書きましょう。

表の記入について

収入欄は、配偶者がいる方は自分の分だけでなく両方分けて書き出します。額面ではなく、手取り額で書きましょう。支出は現在の家計をもとに数年先まで予想します。住宅ローンはいつ完済するか。教育費には子供関連に加え、自立することを見据えた勉強費用（助走期間の投資）が必要で、可能な限り、再学習や自分の専門の横展開などの予算を考えて記入してみましょう。計算方法は**図表8-11**を参照ください。

表の分析と解決策検討

年間収支と貯蓄残高から問題点が把握できます。継続的にマイナスになっている場合や貯蓄残高がマイナスになっている場合は要注意です。把握した問題点を現在の生活水準（ライフスタイル）を変えずに改善したいのであれば、**図表8-12**のような観点を検討してみましょう。

図表8－10 キャッシュフロー表記入サンプル

		上昇率	現在	1年後	2年後	3年後	4年後	5年後	10年後	15年後
家族	夫		48歳	49歳	50歳	51歳	52歳	53歳	58歳	63歳
	妻		45歳	46歳	47歳	48歳	49歳	50歳	55歳	60歳
	子		16歳	17歳	18歳	19歳	20歳	21歳	26歳	31歳
	子		14歳	15歳	16歳	17歳	18歳	19歳	24歳	29歳
	ライフイベント		子：高校入学	夫：資格取得	妻：パート開始 子：高校入学	子：大学入学		子：大学入学	夫：独立起業？	
収入	夫	1%	620	626	632	638	645	651	…	…
	妻		0	0	100	100	100	100	…	…
	一時収入		0	0	0	100	0	100	…	…
	収入合計		620	626	732	838	745	851	…	…
支出	基本生活費	1%	180	182	184	185	187	189	…	…
	住居費		165	165	165	165	165	165	…	…
	教育費	3%	96	99	108	172	145	208	…	…
	保険料		30	30	30	24	24	20	…	…
	その他	2%	60	61	62	64	65	66	…	…
	一時支出	1%	0	30	0	0	0	0	…	…
	支出合計		531	567	549	610	586	648	…	…
年間収支			89	59	183	228	159	203	…	…
貯蓄残高		0.1%	589	648	831	1059	1218	1421	…	…

出典：日本マンパワー CDA テキスト6をもとに筆者が追記

貯蓄残高が大きく減少するようであれば将来設計の見直しが必要

図表8－11 n年後の基本生活値と貯蓄残高の計算方法

A n年後の基本生活値＝
現在の数値（基本生活費）×（1＋年間物価上昇率）^{n}

B 貯蓄残高＝
前年の貯蓄残高×（1＋運用利率）＋その年の年間収支

図表8－12 ライフスタイルを変えずに行なう問題解決例

☑ 使途不明金がないか？

☑ 各種保険の見直し

☑ ローンの見直し（繰り上げ返済、借り換え、条件変更など）

☑ 資産運用の見直し（収益性や安全性などバランスが取れているか）

COLUMN8

年金受給額と自立への卒業のタイミングを考える

給与控除されていてなんとなく「毎月払っている」意識はある厚生年金ですが、実際受給可能になったらどのくらいもらえるのか？ということは、なかなか把握している人は少ないでしょう。自立を考えている方には、自分の第三ステージでのファイナンシャルプランの計算に必須の数字となります。また雇われる働き方（第二ステージ）からいつ卒業すれば年金は大丈夫か？などとの判断基準の一つとなります。

誕生日頃に送られてくる「ねんきん定期便」では、49 歳以下の場合はこれまで納めた年金額（加入実績）に応じた年金額が書かれています。これから受け取る年金の目安額を計算できれば、65 歳（繰上げ・繰下げしない場合）から受け取ることができる年金額もわかります。

まず、これから増える老齢基礎年金（国民年金部分）の計算です。今の年齢から 60 歳になるまでの年数に、納付 1 年で増える老齢基礎年金の目安額（2 万円弱。計算を簡単にするためにここでは 2 万円とします）をかけると算出できます。現在 49 歳の方であれば、2 万円× 11 年（60 歳 -49 歳）＝ 22 万円が目安額です。

続いては老齢厚生年金（厚生年金部分）の計算です。厚生年金には 70 歳になるまで加入できますので、自分が何歳まで厚生年金に加入して働くかを考え、その年齢から今の年齢を引いて残りの厚生年金加入期間を出しましょう。国民年金と違って一律の計算はできず、現在から退職時までの年収平均額が必要になります。計算式をまとめると以下の通りです。

老齢厚生年金部分（退職年齢○歳 ― 現在の年齢○歳）
× 現在から退職までの平均年収○万円 × 0.005481
（＊ 0.005481 は、厚生年金計算の際のルール）

50 歳以上の方のねんきん定期便には年金見込額が書かれており、65 歳になったらもらえる年金額がわかりますが、この見込み額は「ねんきん定期便作成時の収入がそのまま 60 歳まで続いたときに、65 歳から受け取れる金額」として算出されていることに注意が必要です。役職定年などで 55 歳から給料がカットされる場合は記載されている額よりも減ることになります。

では実際にいくらもらえるか？　三菱ＵＦＪ信託銀行（https://magazine.tr.mufg.jp/90208）に厚生年金の年額金額目安の算出表が掲載されています。第二ステージからの卒業時期を考える参考に、一度ご参照ください。

なお、卒業時期の一時金についても述べておきます。最近は退職金の比重は下がってきているとはいえ、給料の後払い的な設計での組織からの退職金の受け取りタイミング（会社都合での満額、自己都合での減額、特別割り増しでの加算・増額）は重要です。それぞれの組織の都合で大きく異なりますので、最新情報を見ながら卒業時期に年金と一緒に考えておく必要があることはいうまでもありません。

第３部　生涯設計のファイナンシャル・プラン（ＦＰ）

第９章

サラリーマン「卒業」前後の収入シミュレーション

本章ではファイナンシャル面、とくに「収入面での実際」です。現実的な収入（時間単価、月収、年収、生涯収入など）の基本数字をイメージしてサラリーマン時代（組織内）での地位変化、自立した場合の収入について具体的に検討します。

まずは組織内における年齢変化に対応した収入の現状と最近の変化をみてみます。次に組織内での生涯収入の大きな違いとなる経営者モデルの実際について、収入とリスクについて具体的に整理していきます。最後に、本書のライフデザインが目指す知的自営業としての業務委託（パートナー、独立）型の収入可能性シミュレーションとパターン内容について比較・整理します。

第９章
サラリーマン「卒業」前後の収入シミュレーション

1 組織内給与を中心にした収入曲線の変化

日本企業における従業員給与の基本条件の変化

ここで、いわゆる日本を代表する企業における一般従業員に対する給与体系の環境変化をみていきましょう。今後の日本企業の収入変化を予想することは自分自身の収入予想のために大きい意味があります。

まずは年齢に伴う給料曲線の変化の比較をイメージ化してみたのが**図表9-1**です。この図では2020年ごろまでは、基本的に年功制度が50歳までつづき60歳定年までは給料も安泰、しかし定年後（雇用延長期間）の給料は大幅に減少しているモデルです。

2030年の想定給料の推定に当たってはいわゆる「70歳雇用促進法」にもとづき、65~70歳の再雇用者の一般的な報酬額も記載してます。さらに将来は（すでに、かわりつつある会社も多いですが）、給料はジョブ型として、若くても仕事の内容がよければ最初から給料は高くなります。平均的には50歳をピークにして以降の給料は低下傾向になるでしょう。

企業の中で経営者（役員）になることの意味と給与と待遇

組織人としての給料面でのベストシナリオは役員になることです。企業によっても違いますが、多くの組織体では、ある年齢（50歳前後が多い）までは多くの優秀な人を役員候補として競争させながら、その時の組織と環境条件でベストな人を役員として選んでいくわけです。役員になると従業員ではなく経営者となるので、その報酬体系は異なり、多くの場合は大幅にアップします。その収入差のイメージ例を図式化したのが**図表9-2**となります。

自分の未来のファイナンシャル・プラン（FP）を描くときは、このベストシナリオを頭に置きながら、そのとおりにならなかったときも考慮すべきです。（役員に実際になる場合は50代までにほぼ目途がつきますが、なれないとわかってから慌てたら遅いといえます）。一方では役員になるということは、従業員ではなくなるのでそのときのリスクも生じますが、それは後程、整理します。

具体的な役員の報酬例について

組織で役員などの経営者に最終的に選別されるかどうかは、能力というよりもそのときの諸々の人間関係（人事）と環境条件などで決まることが多いのです。それに対応する準備はどちらにしても必要です。

企業の実際の役員の報酬は、規模やその業績によって大きく差がありますが、**図表9-3**は平均的な大企業・中堅企業における役員の年収に関する分布の統計値を示しています。

いずれにしてもサラリーマンは役員になると、大企業の一般社員の1.5~3倍レベルの給料になり金銭的には恵まれます。逆に役員にならない人々は金銭的に恵まれないといえます。またこの雇われる立場（サラリーマン）と雇う立場（経営者）の差は50代以降、60代も続くとすると総収入差はさらに拡大します。

図表９－１　企業における従業員の給料（収入）の年齢依存性

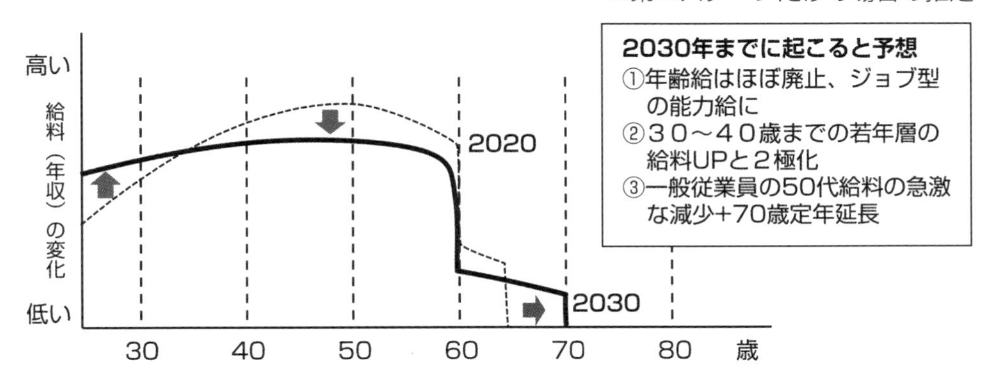

図表９－２　役員モデルを加えた企業における給料（収入）の年齢依存性

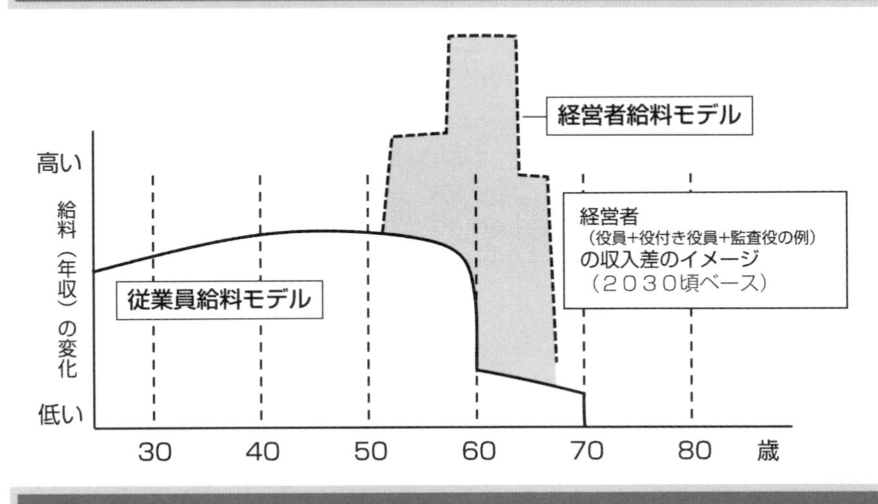

図表９－３　大企業・中堅企業における役員の年収例

役位	平均年収（平均年間報酬額）
会長	3,693 万円
社長	3,476 万円
副社長	2,947 万円
専務取締役	2,433 万円
常務取締役	1,885 万円
取締役	1,775 万円

出典：産労総合研究所、2015 年 役員報酬の実態に関する調査
https://www.e-sanro.net/share/pdf/research/pr_1601.pdf

2 組織内業務の価値としての時間単価の考え方

労働の時間単価を考えることがスタート点

今後の組織における業務内容は必然的に外部の人材を活用（業務委託で雇う）することが大幅に増えると思われます。このときの外部委託の基準が時間単価（レートといいます）となります。

例えば、企業のなかでのコストレートが1万円／時間の標準的なホワイト系のサラリーマンを考えると、個人収入と考えると日給8万円、月収160万円（20日労働）で年収2000万円となります。もし半分しか仕事がなくても1000万円レベルを超える年収はそう難しくなくなります。しかし、現実はそうなりません

仮に組織から卒業して、業務委託型の自営業として自立するモデルにおけるレート（時間単価を1～5万円のコンサル、専門家など）を**図表9-4**としてシミュレーションしてみます。基本的に実際の労働時間を4時間／日として計算してます。仕事さえあれば現実の社外専門家や、コンサルタントへの実際の業務委託を考えるとおかしくありません。

仕事自体がどのくらい獲得できるかは、組織にいるあいだの努力と準備しだいとなります。

加齢に伴う一般的な業務能力と給料変化

各種の仕事の内容（スキル）に対する、年齢変化と対応をイメージ的に示したのが**図表9-5**です。まずは一般的には単純な作業「物作り」と表現していますが、若ければ若いほどよいといわれます。熟練的なスキル要素もあるでしょうから30歳ごろが最高の効率となるでしょう。

さらに組み合わせ的な複雑作業（熟練作業）を造りこむという「モノ造り」と表現します。個人差のあるものの、五感の衰えに従うとすれば40～60歳程度まではOKという面があります。そういう意味では、昔の50～55歳、最近までの60歳定年制は、組織の歯車的な仕事内容ではリーズナブルな定年制度だったともいえましょう。

脳をうまく使う「もの創り」能力は高齢者でも高い傾向があり70代まで落ちない（人によってはさらに伸びる）といわれています。

組織が外部人材を雇う理由と価値ある働き方

今後の組織での業務内容は確実に新しい価値を生むことが求められます。このことは、社内の人間だけでは業務の進行が難しい時代となり必然的に外部の人材を活用（業務委託で雇う）する時代がくることになります。

では、これから伸びる組織や企業から必要とされるものとは、なんでしょうか。それは不確実な時代でのチャンス、すなわち「イノベーションへの貢献（会社や顧客、自分の新しい価値を生む）」であると言ってよいと思います。

具体的にどうすべきかということについてはAIやロボットに苦手なことは何かという視点が参考になります。**図表9-6**は人工知能に不得手な職種（逆にいうと人間にしかできない仕事）をリストアップした例なので自分のライフデザイン、自立するための助走などでも参考になるかと思います。

図表９－４　サラリーマンと専門家の時間単価と実際の年収比較

職種		時間単価（円）中心値	時間単価による収入の計算シミュレーションイメージ	備考（実際の年収レベル）
（比較）大企業、ホワイト（事務・技術職）の例		1～2万円	1.5万×8時間×20日×12月＝2880万円	分配率0.3～0.4＝864～1152万円
知的自営業（業務委託型の契約）	高度専門家（弁護士、一流コンサルレベル）の例	3～5万円	4万円×4時間×15日×12月＝2880万円	仕事量（労働時間）によっては倍ぐらい行く可能性あり
	専門家（コンサル、設計技術者レベル）の例	2～3万円	2.5万円×4時間×15日×12月＝1800万円	
	官庁アドバイザー、専門事務、大学講師の例	1～2万円	1.5万円×4時間×15日×12月＝1080万円	

図表９－５　ものつくり能力の年齢依存度イメージ

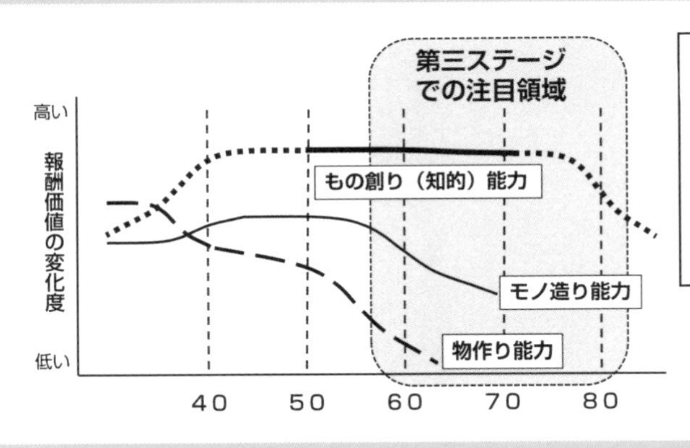

定義
① 物作り能力
単純・複雑パターン化作業
② モノ造り能力
各種組み合わせ、すり合わせ作業
③ もの創り能力
非連続、新規創造・突破能力

図表９－６　これから必要・不必要な職種例

人工知能（ＡＩ）に得手・不得手な内容例

●代替可能性が「高い」職業例
（NRIがリストアップした100職業から一部抜粋したものを五十音順で掲載）

- 一般事務員
- 受付係
- 駅務員
- 会計監査係員
- CADオペレーター
- 銀行窓口係
- 金属プレス工
- クリーニング取次店員
- 警備員
- 検収・検品係員
- 建設作業員
- 自動車組立工
- 自動車塗装工
- 新聞配達員
- 診療情報管理士
- スーパー店員
- 製パン工
- 倉庫作業員
- 測量士
- タクシー運転者
- 宅配便配達員
- 駐車場管理人
- 通関士
- データ入力係
- 電気通信技術者
- 電子部品製造工
- 電車運転士
- 保険事務員
- ホテル客室係
- 郵便外務員

●代替可能性が「低い」職業例
（NRIがリストアップした100職業から一部抜粋したものを五十音順で掲載）

- アートディレクター
- アナウンサー
- アロマセラピスト
- 医療ソーシャルワーカー
- インテリアコーディネーター
- 映画監督
- グラフィックデザイナー
- ケアマネージャー
- 経営コンサルタント
- ゲームクリエイター
- 外科医
- 言語聴覚士
- 工業デザイナー
- コピーライター
- 雑誌編集者
- 産業カウンセラー
- 小学校教員
- 商品開発部員
- 人類学者
- スポーツインストラクター
- 精神科医
- ツアーコンダクター
- バーテンダー
- ファッションデザイナー
- フリーライター
- 保育士
- 放送ディレクター
- マーケティング・リサーチャー
- マンガ家
- 理学療法士

出典：野村総研資料
http://souken.shingakunet.com/career_g/2018/10/2018_cg424_f2.pdf

第9章 サラリーマン「卒業」前後の収入シミュレーション

3 組織内での選択肢と収入パターンと経営者リスク

サラリーマンの50歳までの期間収入との比較と期間（51～70歳）収入のシミュレーション

ここでの各種年収比較などのデータベースについて整理します。全体の計算基準を基本的に日本の大企業、中堅企業としています。収入を取り上げるのは自分の価値につながることを確認下さい。

30代の給料を600万円平均（年収、ボーナスを含む、以下同様）、40代の給料を800万円と推定・仮定しています。そうすると23～50歳の期間収入は、**図表9-7**に内訳を整理したように1・7億円となります。

次に51歳から退職するまでの生涯収入の試算をおこないました（**図表9-7**）。そこでは3種類にパターンわけしています。

（1）部課長クラス昇進モデル（51～65歳まで再雇用含めて働く収入推定）（51～65）：1・4億円

（2）執行役員、理事、特別専門職待遇（サラリーマンの成功レベルの収入推定（51～67））：2・2億円

（3）経営者としての取締役、常務、監査役（顧問）の収入推定（51～67）：3・4億円

サラリーマンの生涯収入（23～90歳）の総比較

それぞれの場合の生涯総収入のシミュレーション結果を**図表9-8**に示しました。50歳以降を比べると、大きな収入格差が見えてきます。すなわちサラリーマンになったからには、少なくとも（2）の執行役員クラス（ならなかった場合の8000万の収入差）、できれば（3）役付取締役クラスの経営者になるとほぼ倍となります（ならなかった場合の2億円の収入差）。すなわち経営者時代だけで普通のサラリーマンの生涯分を加算して稼げることになります）これが金銭上のサラリーマン成功パターンとなります。

社長業の年収はピンからキリまでで、ここでは取り上げませんが、いきなり社長になるというより、いわゆる取締役としての経営者経験を経てから就任する場合がほとんどなので、本ケースでは経営者レベル（3）と読み替えて考えていただいても問題はないと思います。

経営者のリスク（危険と機会）とは

また熾烈な競争を経て役員になっても、実はさまざまな外的要因（各種景気変動、出資者の意向、国際情勢など）で、場合によっては数年（通常2年が任期なのでその倍数）しか勤められない、あとは従業員のように組合や労使協約で保障されていないので途中で退任という事例も頻出します（いわゆる責任を取る、取らされる）。

図表9-9には、そのような経営者のリスクについて整理しました。一般的には、自分自身の問題として経営能力そのものや倫理の欠如、企業における派閥争いとかの組織風土や体制からくるもの、自然災害やサイバー攻撃などに対応する業務管理・社内教育の不備などがあるといわれています。

図表9－7 組織内で完結する働き方の51～70歳までの収入の比較

最終到達役職パターン（例）	役職のイメージ	給料・報酬の推算	51～70（75）歳の期間収入	備考 23～50歳の期間収入（退職金、年金は別）
（1）部課長レベル	実質定年を60歳でその後70歳まで再雇用とすると51歳から70歳まで働く（70～75歳までは年金以外は無収入と仮定）	1000万円×10年＋500万円×5年+300万円×5年＝1.40億円	1.4億円	・23～30歳 400万円・年収×7年＝0.28億円≒0.3億円 ・31～40歳 600万円×10年＝0.6億円 ・41～50歳 800万円×10年＝0.8億円 ★23歳（入社）～50歳までの期間収入推算 0.3+0.6+0.8＝1.7億円
（2）執行役員レベル	51歳で執行役員・56歳で関連子会社へ出向し役員へなって65歳まで働き、最後は相談役・顧問で2年追加で67歳で完全リタイア	1200万円×5年＋1500万円×10年＋500万円×2年＝2.2億円	2.2億円	
（3）経営者レベル	51歳で執行役員、55歳で役員、60歳で常務取締役まで昇進、常務・専務となって65歳まで、さらに67歳まで監査役・顧問まで	1200万円×5年＋2000万円×5年＋3000万円×5年＋1500万円×2年＝3.4億円	3.4億円	

図表9－8 組織内で完結する働き方の生涯収入の比較

最終到達役職パターン（例）	入社～50歳までの期間総収入	51～70（75）歳の期間収入	退職金	65－90歳までの年金総額	生涯収入（入社～90歳）
（1）部課長レベル	1.7億円（一律で計算）	1.4億円	0.2億円（50歳以上は2千万円と一律で計算）	0.6億円（本書では240万円・年×25年と一律で計算）	3.9億円
（2）執行役員レベル		2.2億円			4.7億円
（3）経営者レベル		3.4億円			5.9億円

※退職金は、すべてのパターンについて0．2億円を加算してある

図表9－9 経営者における失職、退任リスク例

大分類	リスク項目	具体的な事例
①個人の能力関係	経営倫理 経営能力	本人の不正、不祥事、横領 疑惑発覚
②組織風土や体制	不正発覚・発生 派閥争い	データ改ざん 品質偽装 顧客不対応
③環境条件としての外的要因	主要株主売却意向 個人情報漏洩 天災	株主方針による解任決議 サイバー攻撃、システム障害、不慮の事故

4 自立して働く選択肢と収入シミュレーション

自立するという選択肢の3つのパターン

未来の日本で外部専門家の必要性はますます増えてきます。**図表9-10**はそのような知的自営業の内容を著者の経験から3つに分けたパターン例を整理しました。

① 早期自立モデル（S型）：50歳台前半自立、組織内年収の2倍で、75歳まで働く（厚生年金25年資格確保後卒業のイメージ）

② 自立モデル（A型）：55歳以降に自立、年収維持で70歳まで、半減で75歳まで働く（定年前、役職定年後卒業のイメージ）

③ ゆっくり自立モデル（B型）：60歳定年後に自立、組織内年収の（×0.7）で70歳まで働く（定年後直ちに卒業のイメージ）

自立する専門家（知的自営業）の収入シミュレーション

ここでは、先ほど分類した自立した知的自営業の3つのパターンでの実際の収入についてシミュレーションしてみました（**図表9-11**）。

① 早期自立パターン〈S〉51歳で自立する場合は4・0億円が51～75歳までの期間収入となる（以下同様）

② 役職定年自立パターン〈A〉56歳で自立する場合は2・25億円が51～75歳までの期間収入となる

③ 定年後ゆっくり自立パターン〈B〉定年時に自立し75歳まで働く場合は1・85億円が51～75歳までの期間収入となる

生涯収入、本番人生の収入総決算比較

これまで、述べてきた様々の働き方のパターンを整理してみましょう。最終的な総括表を**図表9-12**に示しましたが、興味深いことがわかります。

50歳程度で卒業した（組織から離れた）人たちは51～75歳までの期間収入計算が4億円程度となっており、残って経営者を勤め上げた方たちと同じか、上をいきます。

55歳の役職定年で卒業、自立した場合の計算は2～3億円と執行役員クラスと一緒になります。また60歳の定年までいた人でも、雇用延長よりは、数千万多く稼げるイメージです。

定年前に卒業する場合には、傾向的には「早い卒業」のほうが、ファイナンシャル的には楽になっています（稼げているといえます）。これは定年という自動的な年齢期限がないことと、組織の持つ「労働分配率」としての分け前が自分でやっているほど多いからだといえないこともありません。

これらの数字は、あくまで多くの仮定のうえでのシミュレーションです。個人差は非常に大きいものですが、決して空想的な数字でもなく、現実的なモデル例によって検証されている数字でもありません。また税金などにおける累進課税なども考慮しておりません。では、引退したら毎月どのくらい使えるのか、というシミュレーションはコラムを参照してください。

また、企業の社長・会長になれば一般的には年収はかなり大きくなりますが、そのレベルも大きく分散しますのでここでは省いています。

図表9－10 「人生100年時代」後半戦、知的自営業での収入の基本

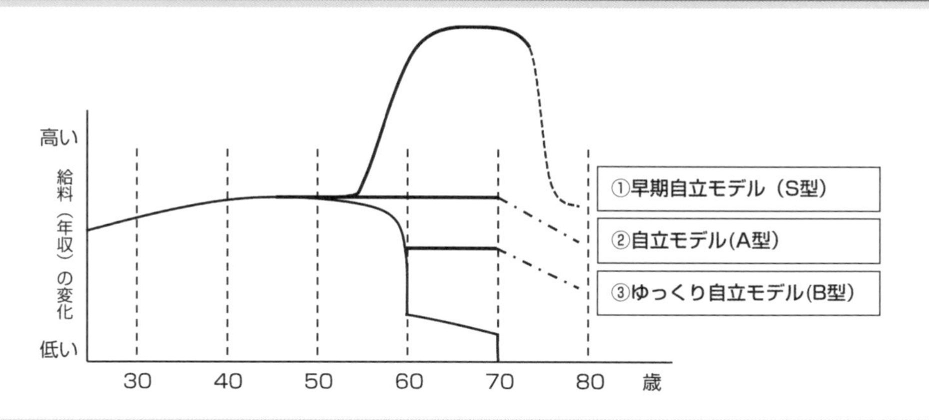

図表9－11 自立して働く場合の収入の比較

自立パターン（3つの例）	仕事の仕方のイメージ	給料・報酬の推算	期間収入（51～75歳）	備考
①早期自立パターン＜S＞：51歳で自立する場合：	年収レベルの倍増（56～70歳）、維持レベル（51～55）、71～75歳）スローを目標	年収1 000万円×5年（51～55歳）、2000万×15年（56～70歳）＋600万円×5年（70～75歳）	3.8億円	自立後の収入のみ
②役職定年自立パターン＜A＞：56歳で自立する場合	年収レベルを70歳まで維持、その後75歳まで半減で働くことを目標	56歳からが1000万×15年（56～70歳+500万×5年（71～75歳）＋1000万×5年（51～55歳在職）	2.25億円	51～55歳は組織内収入
③定年後ゆっくり自立パターン＜B＞：61歳で自立する場合	定年時に自立、定年時の年収の0.7程度を70歳まで維持、75歳までは減額継続	1000万×10年（51～60歳、在職中）＋700万×10年（61～70歳）+300万×5年（71～75歳）	1.85億円	51～60歳は組織内収入

図表9－12 人生100年時代後半戦50歳以降の総収入基本データ比較

	役職・クラス	期間のイメージ	51～75歳の期間収入レベル	年金・退職金を入れた「生涯収入」レベル
企業での給料・報酬例	役員・役付き役員	67歳まで	3.4億円	5.9億円
	執行役員クラス	65歳まで	2.2億円	4.7億円
	管理職（部課長まで）	60歳まで+半額65歳+70歳まで雇用延長	1.4億円	3.9億円
知的自営業（組織からの卒業）における収入例	S（51歳で卒業・自立）	51～75歳まで自立	3.8億円	6.3億円
	A（55歳・役職定年で卒業、56歳で自立）	56～75歳まで自立	2.25億円	4.75億円
	B（60歳定年まで、61歳で自立）	61歳+75歳まで自立	1.85億円	4.35億円

COLUMN9

「人生１００年時代」の60歳から100歳までの、毎月使える金額を算出する

ここでは４つのケースに絞って、最終的に65歳から100歳までの間で、実際にかかる税金などを引いて、毎月使用可能な金額の算出をおこなってみました。

このための原資としては、すべて50歳から75歳までの得られる累積収入（年金含む）で比較しています（詳細計算は、ぜひ皆さんも自分自身で行なってみてください。どのような収入だと、どのレベルの生活が可能かというイメージを知ることができます）。

生涯設計として65歳以降、毎月使用可能月額の４つのシミュレーション結果

■パターン（1）自立なしの比較例（定年・雇用延長後完全引退）

生涯サラリーマンとして、自立を目指さない場合：60歳＋雇用延長で70歳まで働く例：名目総生涯収入（税金・年金・退職金込み）：3.9億円。**実際の60歳から90歳までの使用可能金額：32万円・月（100歳までだと、24万円・月：年金を含む）**

■パターン（2）定年後自立例

ゆっくり自立（B型）として定年＋自立型（75歳まで働く）例：名目総生涯収入（税金・年金・退職金込み）：4.35億円。**実際の60歳から90歳までの使用可能金額：40万円・月（100歳までだと、30万円・月：年金を含む）**

■パターン（3）役職定年での自立または執行役員レベル

自立モデル（A型）として役職定年（55歳卒業）＋自立型（75歳まで）OR 企業で執行役員・子会社役員まで働く例：名目総生涯収入（税金・年金・退職金込み）：4.75億円。**実際の60歳から90歳までの使用可能金額：45万円・月（100歳までだと、34万円・月：年金含む）**

■パターン（4）50歳自立または大企業役員就任レベル

早期自立モデル（S型）といて50歳前後の厚生年金資格確保で自立型（75歳まで）OR 役員、役付き役員（高級経営者）：名目総生涯収入（税金・年金・退職金込み）：6.0億円。**実際の60歳から90歳までの使用可能金額：60万円・月（100歳までだと、45万円・月：年金を含む）**

（注：計算上のさまざまな仮定など）
⇒60歳以降の収入を①給料・報酬、②退職金、③年金（65～90歳）と分けて、このうちの①には次の累進課税を計算して、減額（年収５００万円以下は０．９、1000万円までは×0.8、1000～2000万円レベルは×0.7、2000万円以上は×0.6）して概算計算をします。
（「60～90（100）歳」のリアルな可処分所得、実収入を税金や控除を計算して、実際の月額利用可能額に落とし込んでいます。計算ベースは本文の図表９－12を利用しています）

第３部　生涯設計のファイナンシャル・プラン（ＦＰ）

第10章

ライフデザインのための統合ロードマップ作成

ライフデザインを実際に自分でつくるときに、総合的に考えるうえでの一番有効なものはロードマップ作りの方法論です。その内容は未来設計のシナリオ作りとその統合・融合の方法で、それをベースにライフデザインのロードマップ作りの全体を解説します。

そこでは未来視点から見た３要素としてキャリア、モチベーション（メンタル）、ファイナンシャルを統合的に自分のロードマップに取り入れる具体的な方法論と考え方が必要となります。それぞれの「個人をひとつの事業体」とみなして自分のライフデザインという視点とマッチングさせていきます。

1 ライフデザインに関わるロードマップ作成と活用の基礎

不確実な海を航海して成功するイメージを明確化するロードマップ

自分の人生における未来像としてロードマップの全体像を把握してみましょう。世の中全体を地球（の海）としてみるとその中に浮かぶ船が自分となります。世の中で役割を分担しながら、いかに新しい自分の価値を創っていくかという前向きな捉え方が大切です。その海図が未来絵図（ロードマップ→ライフデザイン）ということになっています。

図表10－1にそのイメージを描きました。自分が主体的にロードマップの作成をしない限り、だれも助けて（曳航して）くれません。未来にどこに行くかは、自分自身が決めて自分で運航するものだからです。とはいっても、航路図（目的と行き方）がなく、さまよえば難破します。こうならないための地図がロードマップの役割です。

一般のロードマップ策定方法から作り方を知る

とにかく仮目標をたてて船出することが大切です。

ぼんやりとした未来を考えていても進まないので、まずは具体的な人生ロードマップ作りの作業を先行させます。現在の位置が、組織の中に属しているとすれば、組織の中の自分という枠組み思考を乗り越えて、個人を主体にして、いかに自分自身の未来を設計していくかを検討するのがスタートです。**図表10－2**として一般的なプロセスを明記してみました。

要するにロードマップは「道路地図」「カーナビ」と一緒なので、うまく使うためにはまずは「行先」さらに「ルートの選択肢」があると考えるとわかりやすいと思います。このことでまずはロードマップ＝ライフデザインの基本が描けることになります。

言葉をかえれば仮説構築による新しい世界作りの作業となります。それぞれの項目を自己ロードマップに変換させるのはそう難しいものではありません。

個人戦略としての自分ロードマップによるライフデザイン

ライフデザインにおけるロードマップとはどのような意味を持つかについて、簡単にふれましょう。それは不確定な未来に対応して、最終目的地としてのビジョンに結びつけ可視化する方法論となります。まずは自分のポジション（年齢、ステージ、環境、立場、リソース［お金、能力、家族、など］）を明確化したあとに、複数の仮説を実施し、さらに検証していきます。

このロードマップを作るために、さまざまな候補（選択肢）を考えていきます。この作業を「ロードマッピング」と呼び、未来の不確定さに備える大切な選択肢の内容作りとなります。その作業の内容をフロー図として示したのが**図表10－3**となります。

うまく作成できれば、その役立ち方をここでは（1）個人、（2）仕事・会社、（3）世の中とわけた視点を出してみましょう。

図表 10－1　不確実な海を航海して成功するために

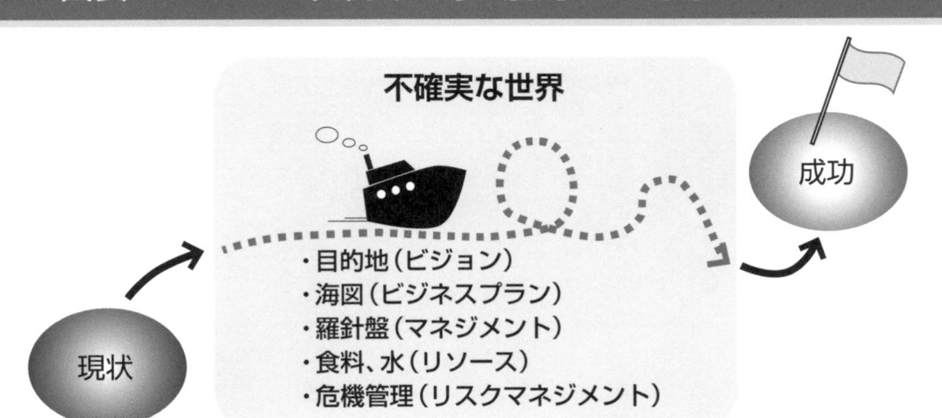

出典：出川著『独立・起業成功プログラム』秀和システム刊より

図表 10－2　ロードマップ策定の一般的なプロセス例

具体的な作業内容のフロー

- STEP1：何を目指すか（行き先の設定）
- STEP2：環境と現状分析（現在のポジショニング）
- STEP3：全体シナリオの設定（ロードマップの方向性）
- STEP4：ロードマップ軸とマイルストンの設定（仮説構築）
- STEP5：ロードマップ作成と検証（ロードマップの策定）
- STEP6：アクションプランなど

出典：出川著『実践ロードマップ入門』（言視舎刊）より

図表 10－3　自己ロードマップのイメージと作成の具体的なステップ

STEP 1	STEP 2	STEP 3
自分の人生 最終目的地（行き先） をどう創る （ビジョン、ターゲット） （2～3通りを作成）	今の位置から最終目 的地への行きかたを シナリオとする （シナリオ・メーキング） （3～5通りを作成）	自分の人生全体と 持っているリソース を考えて全体を検証 してみる作業 （統合化、価値評価） （関係者との調整を 繰り返す）

第10章 ライフデザインのための統合ロードマップ作成

2 ロードマップの作成と自分の強みの分析

ロードマップ作成の具体的なステップを理解する

世の中のロードマップは、いくつもの切り口が出てきます。特に先行きが不確定なときに「ビジョン」「ロードマップ」というのは、マネジメントする側にとっては将来の可能性を描く魔法のツールと見えることがあります。これが、さまざまなロードマップが作られてくる理由です。

まずはビジョン（目的地）という行先がないと、ロードマップはできません。車に乗ったときにカーナビの操作を思い浮かべてみてください。未来の意志ある行先をまず決め、そこから俯瞰（バックキャスト）して現状の位置を明確化したあと、将来のあるべき姿との両者の間のギャップをそれぞれの立場で共有化します（**図表10－4**）。

ギャップを埋める努力と方向性を一致化させる努力をして、マイルストンを明確化します、そこまでのリソース配分を受けてスケジュールとコミットを明確化することも大切です（**図表10－5**）。

自分ロードマップ策定の指針を考える

個人もひとつの事業体、とくに新規事業体として世の中に挑戦するプロジェクトと考えてもよいでしょう。その時の外部環境は人によってさまざまですが人生は100年程度で寿命がくるということです。

各個人（事業体）は、義務教育という共通の場を経て、それぞれの特性や個体差、能力、特徴に応じて自分の道を選んでいくのです。その後の人生は強みの発見、その中で自分のポジションの確保、生命の維持のための収支バランス、投資による発展など、さまざまのステージを経るわけです。

不確実性を克服する具体的な個人戦略の考え方として**図表10－6**にまとめてあります。個人の強みの発見と位置付けに関する考え方として整理できることが必要です。

それぞれの未来は自分自身で描くことが大切です。このことは、組織や会社などのロードマップ作成手法も同様なので、この発想は仕事にも貢献していくと考えています。

ロードマップ全体の視点と自分の価値

特にサラリーマンの場合は、当面いずれかの組織のなかで「雇われる働き方」です。そうなると、経歴や能力、知識、智恵、経験を見込まれて存在している場合が多いのです。しかし組織が必要とする能力は時間とともに変化し、その内容はいずれ乖離して不要とされて定年となるのです。

この対策としてライフデザインの必要性があるのですが、大きく分けると3つの視点がロードマップの役割となります（**図表10－7**）。

その中の例えば自分の強みについていえば、まずはすでに持っている専門知識の深耕と内外へのアピールです。すなわち、自分の得意な専門知識をさらに深くほりさげ、また、できるだけ広く新しく他人の追随を許さないようにしていくことが価値となります。

図表10－4 ギャップを共有化し、埋める努力と方向性を一致させる

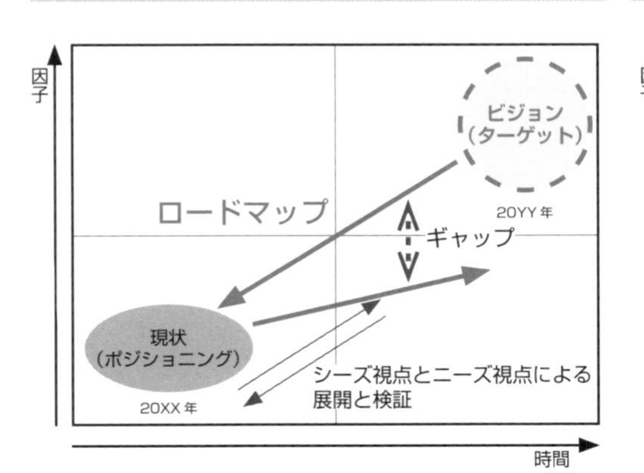

図表10－5 ロードマップにおいてスケジュールとコミットを明確化

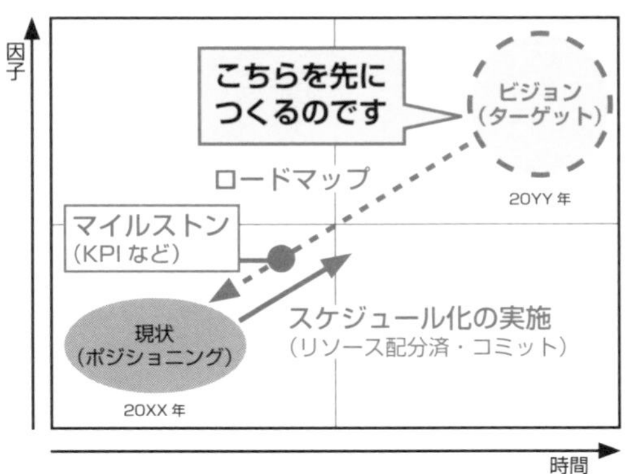

図表10－6 個人の強みとやりたい、愉しいことの再発見と自分の位置づけ

分類	環境条件	内容	対応例
個人のビジョン構築の方向性（と明確化）	サラリーマンは終身雇用ではない（いわゆる（役職）定年のあとも長い）	人生100年時代の最終ゴールを描く。本当にやりたいことがあれば明確化	モデルになる人を探してみることでイメージを具体化
個人の強みと自分の愉しさとは	個人のやりたいことが、必ずしも組織の中では必要とされないギャップの存在	何をやっているときに充実感、やりがいを感じたかを明確化	これまでに褒められて一番うれしかったこと、子供時代に一番楽しく、熱中したことは何か

図表10－7 自分設計（ライフデザイン）のためのロードマックを考える準備

	ポイント	分野や備考
① だれのための ロードマップ戦略か	自分	ビジネス
	家族	教育・研究
	社会	地域・産業振興
② 目的地としての ビジョンとマイルストン	目的地(ビジョン)	ありたい、あるべき自分の姿
	目的地に至る前の、中間地点としてのマイルストン	例えば副業、複業の内容
③ 自分の強みといっても 色々な面がある	知識（専門分野）	既存経験分野
	融合分野、応用分野	新規挑戦分野
	人的ネットワーク	広がりの分野
	性格、その他	天性の活躍分野

第10章 ライフデザインのための統合ロードマップ作成

3 組織を利用した自分ロードマップの具体的な作成プロセス

組織を離れる未来をターゲットにする前に

個人ロードマップ戦略で重要な点は、具体的には既存組織を離れたときの「免疫力」が必要ということです。自立への助走期間として副業、複業として社会の波風にあたって、個人の環境変化への対処力をつけていくことが必要になるのです。この時の組織と個人の関係を考えていく「助走」はマイルストンとして役立ちます。

ここではロードマップを考えるための考え方の例として3つの軸からの視点を**図表10－8**に示してみました。1つの軸だけで全て見ることは出来ませんが助走期間のイメージを持つと、全体がみえてくることも多いのです。

実は、組織の内側だけで生きてきた人々には、いきなり自立・独立や、新規事業を起こしてビジネスをするというのは、組織の外との関係になってくるので大変難しいことになります。組織の内側と外側の両面からの視点を検討することが必要なことで、これが副業・複業経験となります。

仕事をロードマップ化してバックキャストする

企業の中でも、最近では従業員たるサラリーマンも、常に新しい提案をしていくことが基本です。ただこれは〝言うは易し、行なうは難し〟の典型です。というのは、その組織が一流であればあるほど、既存のビジネススタイルを継承している面が大きいわけです。それを変えていく、目先の提案には当然ながら寛容ではないのです。最終的な姿を示しながらいくという、バックキャスト型でないとうまくいきません。

図表10－9は、個人の能力と会社の枠組みの関係をイメージしています。個人の能力は入社したときを起点に増大していきます。新しい課題をもらい、それを実現していく過程で、多くの人の協力を得ながら新しい知識と智恵を獲得していくものです。

しかし企業の中ではある時期から、仕事内容は必ずしも増大するものではなく現状維持や縮小していくこともあります。自分の能力の拡大と会社の仕事内容の限界線が交差する時期は（人によってさまざまですが）、中間管理職になるあたりです。それを乗り越えて、経営者となれば別ですが組織の中のミスマッチ（限界）がくるのです。

ロードマップを用いた組織からの卒業準備

夢は早く組織から卒業したいが、現実は……ということで練習としてつなぐのが、以下に示すような、色々な業務をこなしながら着実に助走するパターンです。

まずは自分探しのための活動を始めましょう。素晴らしい潜在能力が自分に隠れていると認識して、その能力を開花させるための投資と実行のロードマップを描いていく意識を持つのです。そのために仮説として、直感をフルにつかって**図表10－10**のようなフォーマットをつかってメモ書きしていくのがポイントです。

例えば、社内で色々な職種をすでに経験したぞ、とんでもないところに配属されたなどの経験は大いなるポイントになります。

図表 10－8 自分のロードマップ作成のための３つの軸

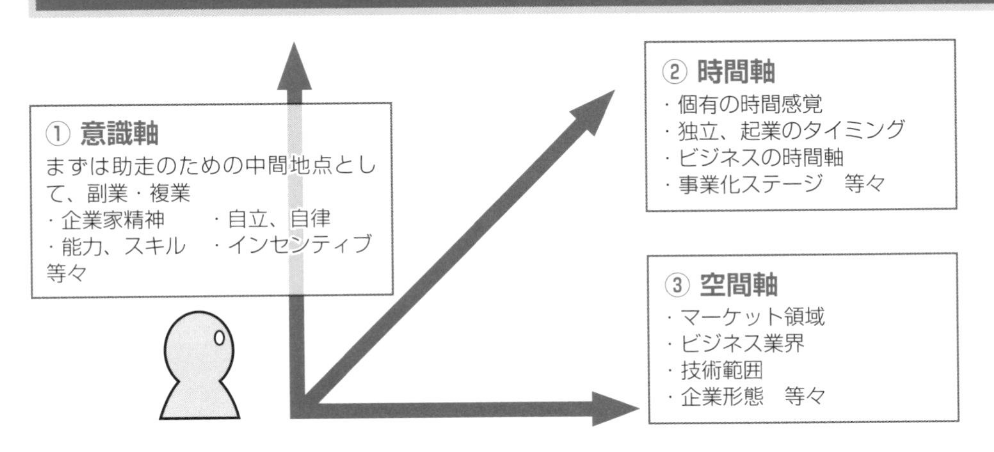

図表 10－9 個人の能力の進展と会社（組織）の能力の交差点

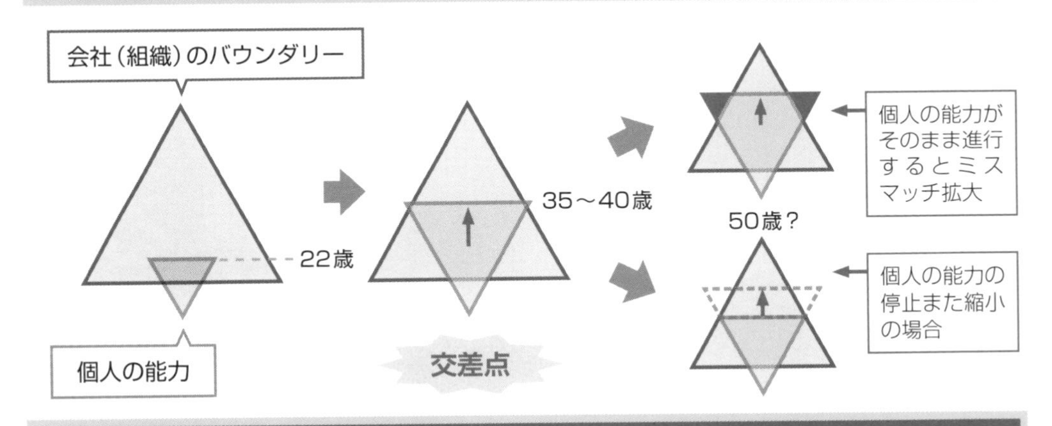

図表 10－10 第二ステージにおける準備：記入シート

企業のサラリーマンは様々な融合、統合型の知的自営業の候補生

企業の中外での職種の経験（部署など）	その主な専門性とコアになるスキル	どうすれば専門家になれるか（さらなる対応の可能性）	記入のポイント
入社時（卒業時の専門）			・卒業時の専門
			・企業の中で取得した専門知識・・・
			・企業の中で実施した希少性・・・・
			・趣味、お宅性の得意なもの
（記入例）事業企画部（3年間、課長職）	（記入例）ビジネスシナリオ作成（各種事業企画書の作成と判断） 顧客マーケテング自分で実施	（記入例）自分での社内ベンチャー立ち上げ、MB A を聴講により実ビジネス経験	＊経験の一部を記入した例＊

4 統合ロードマップ作成による自立への具体化

ライフデザインを完成させるためのロードマップの統合

ライフデザインの3要素については、本書でも第一部キャリア、第二部メンタル、第三部ファイナンシャルとわけて説明してきました。

どれ一つ欠けても、全体のライフデザインは完成しません。ちょうど提案者（起業家）だけでは、新しい事業化はできないということと似てます。すなわち、そこでは優秀な人材（スタッフ）、初期資金・継続資金面、設備・サポート面、知財・法務面での多面的なバックアップが得られるかがポイントです。

図10－11にはライフデザインとして重要な各要素のロードマップを積みあげて積層して統合化するイメージを示してあります。特に大切なのは、全体を俯瞰したマネジメントレベルの決断力と小回りのきく組織体制、危機感、金銭感覚やコスト意識などはもちろん必須です。

雇われる視点と自立・自律する視点の違いとは

今回の自分ロードマップでは自分自身の現状からの未来予測マップではありません。未来の自分はどうなりたいかが大切で、ありたい・あるべき姿の仮説構築です。

すでに示したようにロードマップは「未来から現在を俯瞰するバックキャスト型」のものになってきます。一方では目先にしなくてはいけないことをこなしていくのがスケジュールの役割です。ロードマップの作成内容や方法論とはベクトルが反対であることに要注意です。

図10－12にはスケジュールとロードマップの違いをまとめてみました。未来の姿をどうみるかの発想は、雇われる働き方では、どうしても指示命令が優先されるので、「スケジュール的な発想」になります。

自立する雇われない働き方は、未来視点ということで未来の姿への期待からはじまるので、「ロードマップという発想」になります。これは大きな視点の違いで重要な点です。

統合ロードマップを作って世の中に役立ちそして自分を変えること

少しでも自分や仕事、さらに会社を変える「未来」が見えたら、それはおのずと世の中や日本を変えることにつながります。

次にライフデザインの統合ロードマップが**図10－13**のようにできたところで、それを活用することです。そこで、個人の能力を増大させ、自らを変えることが可能になります。ロードマップによる個人の強み、収支、意思などをベースとして、自立・自律することで個人が元々持っている可能性（キャパシティ）を、未来に向けてデザインすることになります。

「会社（組織）人生」をまっとうするか、あるいは早めに「卒業」するか？　環境条件を分析して判断し、自分自身で「人生」の「最適解」を具体的に模索してみることです。

図表 10－11 ライフデザインについて重要な各要素の統合

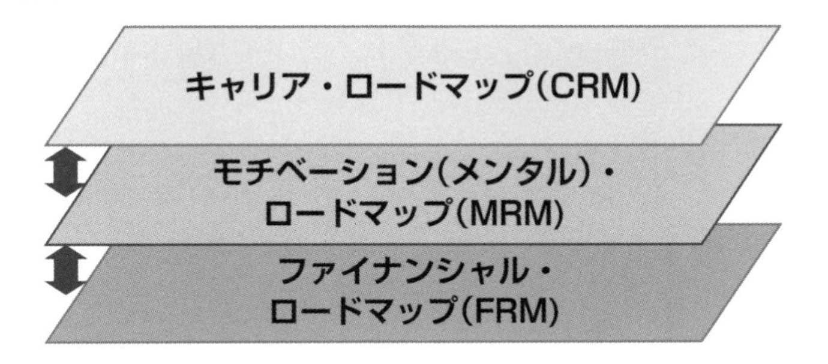

図表 10－12 スケジュールとロードマップの違い

	ロードマップ	スケジュール	備考
目標	あるべき姿、ありたい姿 (努力目標、ビジョン的なターゲット)	達成可能な現実的目標 (努力すれば見えているターゲット)	
連続性	不連続性 (ブレークスルーポイントが存在)	連続性 (ブレークスルーポイントはない)	
視点	未来視点の中心	現在・過去からの視点	
発想方式	発想の転換、知恵ベース	積み重ね、知識ベース	
実践方法	大きな階段状のマイルストン	小さなステップの連続目標達成ベース	
適用事例	失敗も加味した研究開発計画など	確実な達成を必要とする生産計画など	
その他	未来のターゲットが変わったときに修正	途中で問題が起ったときに修正	

バックキャスト視点
自立・自律する視点

フォアキャスト視点
雇われる視点

図表 10－13 ライフデザインの統合ロードマップのイメージ

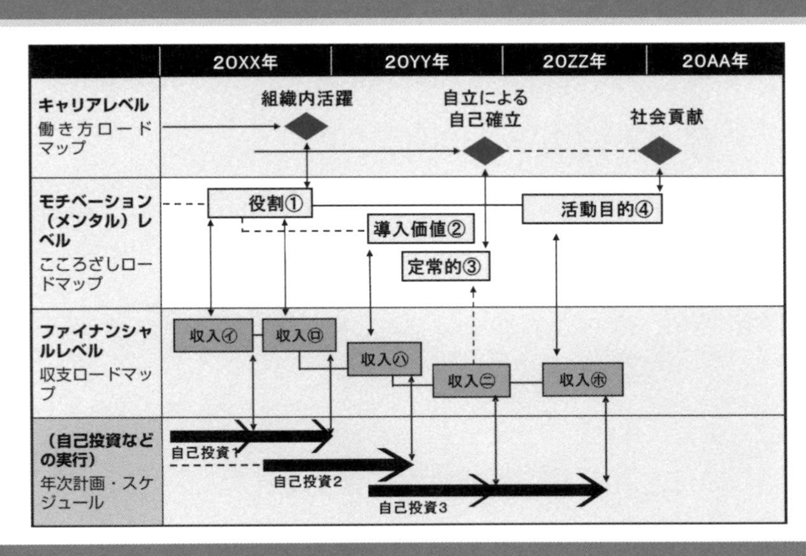

本書のライフデザインでは、2030 年のサラリーマン（一般的にいうと、ホワイトカラー）の方々の状況を先取りして、人生１００年時代をどう考えるかというところから始まりました。

実際は、世の中の動きを先取りして、すでに雇われる働き方（第二ステージ）から雇われない働き方･自立への転換（第三ステージ）を実行されている方々も多くいらっしゃいます。ここでは、そのようなモデルとなる 13 名（文系 7 名、理系 6 名：図参照）の方々に登場いただき、それぞれの人生の概略と助走期間での内容（副業、複業）について整理したものを紹介します。皆様のモデルとなるような生き方が見つかることを期待して、参考にしていただければ幸いです。

（2）理系６名の事例

氏名（性別）	学歴・組織内での活動	組織内の副業経験	組織外での経験	自立の歳と自立業務内容
H 氏（男）	大学院（理学修士）大手精密機械会社、研究所	事故処理関係でも活躍、職人的な人材	技術士取得、セミナー講師、この分野の学会、協会は著名	56 歳で技術士事務所設立（営業）、フリーランスへ・元の会社から週２日契約、現在は３～４社へ
I 氏（男）	大学院（工学修士）、総合電機メーカー、生産技術一筋	45 歳で社内活性化事務局、技術研修実施など	工学博士、51 歳 I T システムコンサル会社へ転職（自立準備）	55 歳で I T・生産技術の独立起業創業、代表にコンサル時の顧客と、元企業からの仕事を中心に手広く展開
J 氏（男）	大学工学部卒外資エレクトロニクス企業で、プロセスエンジニア	新規プロジェクトの立ち上げ多数 35 歳でスタンフォード大修士留学	40 歳で国内大手シンクタンク部長へ転職 戦略経営コンサル 出版本５冊	51 歳でコンサル会社立ち上げ、代表へ 大企業の戦略経営コンサルとして、技術、事業、営業と幅広く展開
K 氏（男）	大学工学部卒、総合化学メーカー、研究所	45 歳で本社企画業務、社内技術研修実施など	工学博士、社外セミナー講師、55 歳で子会社の試験センター部長へ。専門書執筆	61 歳で独立契約者（知的自営業）、フリーランス（大学講師、企業アドバイザー）
L 氏（男）	大学院（博士終了）、大手重工会社、研究所	40 歳で研究開発管理へ転身	50 歳で新規合弁会社の役員で出向（10 年で閉鎖）	61 歳でフリーランスとして、独立 JST、NEDO の契約アドバイザ、TLO 役員などとして、計画的に 80 歳まで活躍
M 氏（女）	看護大学卒、大学病院看護師	32 歳で自費米国留学（看護学）、ヘリ操縦士免許	帰国後、私立大病院へ転職、助産婦資格取得、副婦長まで	55 歳で個人事業主として独立。個人向け出産サポート、出産前ケア、産後ケア、食育、メンタルケアのカウンセリングから、現在は総合サポート業務

付録

自立への45～61歳での卒業事例

経緯・経歴・助走期間（副業、複業）の働き方、現在など

（1）文系7名の事例

氏名（性別）	学歴・組織内での活動	組織内の副業経験	組織外での経験	自立の歳と自立業務内容
A氏（男）	大学卒業後、大手メーカーへ入社。 総務部門	地方工場での多様で複雑な仕事 社内人材育成 コーチング	研修会社 コンサルティング営業 企業研修講師 講師育成	45歳で独立、法人設立 研修講師、雑誌コラム連載
B氏（女）	美術大学卒業後、大手商社入社 営業職	アメリカ、ドイツでの駐在員、支店長 案内から業務まで何でもこなす	マンション管理業務転職 家族介護経験 シニアを抱える友人などへ各種相談・支援	52歳で法人設立 シニア向け旅行の送迎サポート 遺骨搬送サポート
C氏（女）	短大卒業後、化粧品メーカーの営業職従事	営業事務 教育研修担当のヘルプ 何でもできるので重宝される	起業塾へ通い、自分でも支援スタッフへ 週末セミナー講師として起業を多数支援	50歳で独立 女性向け起業コンサルタント 起業塾、セミナー開催
D氏（男）	大学卒業後、大手旅行会社へ就職 入社以来営業一筋 37歳で営業部長	営業企画の手伝い 資格取得 社労士 ファイナンシャルプランナー コーチング	外資系生命保険会社営業 新規事業立ち上げ 社内研修 講座登壇	61歳で法人設立 社労士、ファイナンシャルプランナーの資格を活かした個人向けサービスを展開。 研修講師として活躍
E氏（男）	アメリカの高校・アパレル系専門学校卒業後、日系アパレル会社へ就職	ニューヨーク支店でファッションデザイナーとして活躍 38歳で支店長就任、人材育成に従事	日本帰国、アパレルメーカーにてデザイナーとして活躍 46歳で部長就任	56歳で個人事業主登録 59歳で法人成り ファッション塾を立ち上げ、アパレル業界の優秀な人材を育成 アパレル系資格セミナー講師としても活躍
F氏（男）	大学卒業後、外資系大手自動車会社へ就職 人事部配属 労務・人材育成	キャリア相談室室員 キャリアカウンセラー資格	人材育成コンサルタント会社にて、若手・中堅社員向け階層別研修・コンサルティング	52歳で個人事業主登録 人事支援の個人事務所を立ち上げる 中高年キャリアアドバイザー セミナー講師 著書出版
G氏（女）	大学卒業後、大手コンサル会社のHR担当へ 人事採用 労務 教育研修	キャリアコンサルタント 社会保険労務士	社会保険労務士事務所転職 元同僚が立ち上げた会社の人事担当取締役として、会社組織づくりに従事 個人事業主登録	49歳で完全独立、個人事業主から法人成り 人事労務コンサルティング キャリアコンサルティング 社員採用（20名） 著書出版

まとめ

ライフデザイン
自分の人生は自分で設計して実行する時代

人生100年時代の基本的な時系列の4つのステージ

人生100年時代を働きがい（動機、元気、収入）のある、人生プランを得る考え方がライフデザインの本質です。

長い人生を四つのステージにわけて、その中の三番目のステージを本番として自立・自律すると考えて設計すると愉しい人生となることに気が付きました。そこで本書は2030年の標準的な未来のライフデザイン（人生設計）として整理しました。

これまでの本番といわれてきた「組織内人生」は適当な時期に卒業して、残りの人生の本番とする。そのためにどのように準備したらいいかを検討してきたのが本書であり「教科書」とした理由です。**図表（付1）**は、2030年以降ごろの標準的な働き方のライフデザイン（人生設計）としてイメージ化してみました。

キャリアデザインとしての出口戦略：最後は知的自営業として自立

人生後半戦はそれまでの組織を卒業し自立していくという考え方を整理してみましょう。人生100年時代の現在の日本の雇用体制の中で、もっとも不合理なものは定年制であり、これは組織内で役員に昇進しても一緒です。そこを解決するのがキャリアデザインであり、自立への移行に必要な「助走期間」としてのキャリアの考え方です。

本書では、その助走期間を「副業、複業」とわけて組織から卒業する方法論、すなわちサラリーマンから自立する知的自営業（個人事業主やマイクロ会社起業）などへの転換例とプロセスを具体的に示してみました。

組織内外におけるメンタルヘルスとモチベーション

ストレスやメンタルヘルス、モチベーションについて学ぶ機会はそう多くはないことと思います。

昨今の環境変化に伴い、働き方の多様化が進んでいます。会社の寿命より人間の労働寿命のほうが長くなるこの世の中において、「自立し、雇われない生き方」を本書では推奨していますが、働き方の変化はストレスにつながりやすいと（一般的に）いわれていること、メンタルヘルス悪化が懸念される状況であることは否定できません。

組織に属する／属さないを問わず、ストレスやメンタルヘルス、モチベーションの知識を身につけていただくことが大切です。そしてさまざまな統計データなどから見える、自立することでのメンタルヘルスの改善やモチベーションの向上傾向を知っていただき、前向きな心で人生をとらえ、意欲的に仕事を行ない続けられることを願っています。

ファイナンシャルプランとしてのライフデザイン

「ファイナンシャル」に関しても、一般の方が深く学ぶ機会はそうないかもしれません。

自立・自律というキーワードが本書中に何度となく登場してきています。本書の主な読者の方々

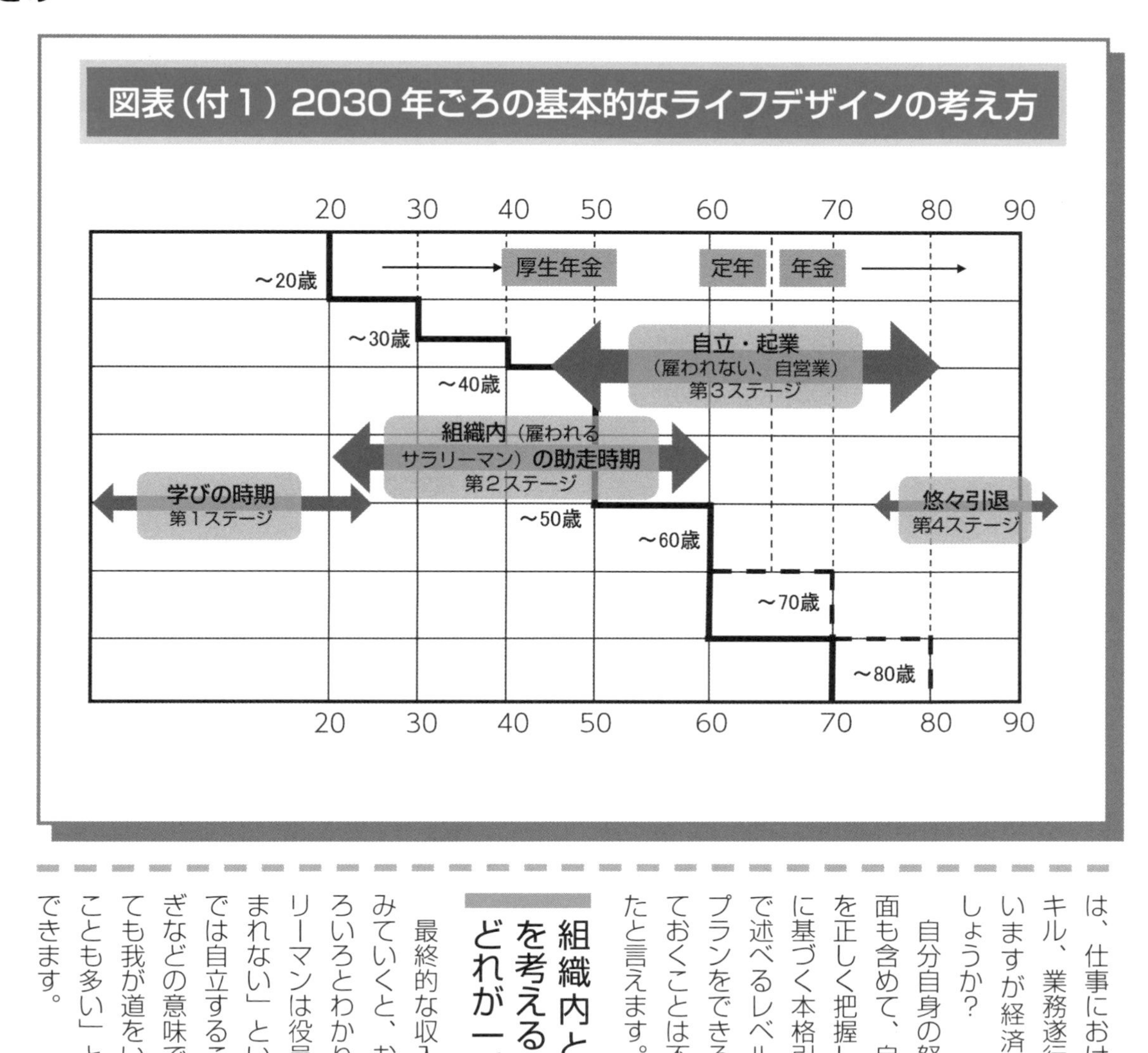

は、仕事における十分な経験、スキル、業務遂行は問題ないかと思いますが経済的な自立はどうでしょうか？

自分自身の努力だけでは難しい面も含めて、自身の現時点の収支を正しく把握し、ライフデザインに基づく本格引退後を含めた本書で述べるレベルのフィナンシャルプランをできるだけ早くから考えておくことは不可欠の時代になったと言えます。

組織内と、自立の基本を考えるとどれが一番望ましいか

最終的な収入面を事例を含めてみていくと、おもしろいことがいろいろとわかります。よく「サラリーマンは役員にならない限り恵まれない」といわれますが、一方では自立することでやりがい、稼ぎなどの意味で「役員にならなくても我が道をいくことで恵まれることも多い」と言い換えることができます。

もちろん、人の価値感はそれぞれですので、どれが当人にとっていいかは、他人が決めることはできません。しかし、ライフデザインを描くことで、自分の望む方向性やきっかけを得ることができるとしたら、知っておいたほうが得だということです。

最後になりますが、組織の問題点はたくさん語られていますが、それらの多くは自分の問題、視点（考え方）の問題を含んでいる場合も多いのです。自立することでその不満はほとんど解消され、ストレスも感じなくなってくるものです。

自分自身でそれらの問題のひとつでも改善できれば、まさに大きな進歩です。あとはおのずと組織からの卒業後の第三ステージの本番に、いろいろな価値を創造していくのが自然の流れです。人生100年時代の人々はそれを愉しんでいただくのがよいでしょう。

LAST COLUMN

ライフデザインの最終目的
自立して働き続けると三方良し、嬉しいことがいっぱい

いわゆるサラリーマンと呼ばれる組織勤めの勤労者が人生の後半戦、自立した仕事のやり方で組織を超えて働くことを志向するライフデザインの三方よしの考え方を紹介いたします。

三方良しとは、①自分と家族の価値（やりがい、楽しさ、収入）、②働き場所（会社）・労働価値（対価、地位）、③社会にとっての価値（教育、伝承、世代負担、日本の発展）の３つとしてとらえています。ライフデザインを考えて実践することで、それぞれにとってメリットが出てくると思われます。実際にライフデザイン思考を実践している多くの方は下記の特徴が見られます。

① 自分と家族にとってのうれしさ（やりがい、楽しさ、収入）

・自分自身の成長が実感できている（学び、気づきなどが得られる）
・家族から敬意、尊敬、大切にされている（元気、目的、収入、留守など）
・興味を持てる分野・事項の増加による、趣味が広がる（生きがい、熱中、集中など）
・自由に使えるお金ができる（選択肢と自由度の増加）
・歳を感じさせない雰囲気、おしゃれ、身だしなみなど

② 働き場所（会社）・労働価値（対価、地位）

・視野、世界が広がり、仕事の内容、提案に深みが生じる
・対価が組織やNPO,会社などに価値を生むことで得られる
・組織（会社）人生が楽しく、有意義になる（修行時代、給料がもらえるビジネススクール、自由な実験室・・）
・育成、育てる、教える楽しさと対価の両方が得られる

③ 社会にとっての価値（教育、伝承、世代負担、日本の発展）

・働き続けている人の話は面白い、若手の人生に役立つ内容となる
・世代を超えた友人が増え、年齢、性別、仕事内容などを超えていく（コミュニケーション、情報の拡がり）
・社会や若手の負担にならない生き方ができる
・ボケない、認知症になりにくい、適度な行動など（通勤、新しい出会いなど）

いわゆるサラリーマンと呼ばれる組織勤めの勤労者が人生の後半戦、「定年」と「組織」を超えて自立・自律して働くことを本番とすることで、働きがい、社会価値、愉しみが三方よしで倍増することになるでしょう。

その価値の中身が重なる様子を整理し、そのイメージを右図に示しておきます。

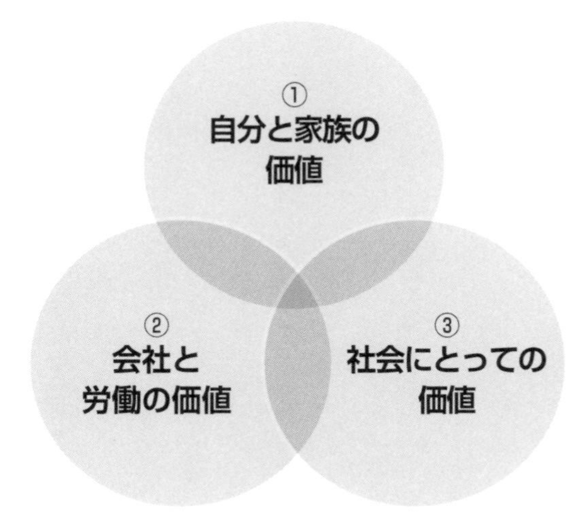

謝辞

本書をまとめて整理するために、多くの団体や官庁、先人の知恵や知識、発想、経験を参考にしましたので厚く感謝します。成書については、そのなかの比較的まとまったものの一部をリストアップしました。また、事例に登場した皆様につきましては内容的に特定できないように、それぞれ一部を変更していますが、特にそれぞれの助走期間や自立後における活躍状況などは、実際を述べさせていただいています。事例の方々については、著者二人と一緒にこの方面にくわしい松浦伽奈さんのご助力も頂戴していますので、登場者と共に厚く感謝申し上げます。

本書の内容の分担執筆については、本文については、１、２、３、４、９、１０章が出川主体、５. ６. ７. ８章が浅賀主体で作成して、議論を重ねて出来るだけ全体視点で調整しました。また序章や事例集、おわりについては、共同作品です。

最後になりましたが、本書の出版の意義と価値を認めていただき、また編集としてのアドバイスをいただいた言視舎の杉山尚次様にお礼申し上げます。

著者しるす

本書に関連する参考書

・リンダ・グラットン＆アンドリュー・スコット著：『ライフ・シフト　100年時代の人生戦略』、東洋経済新報社、2016
・リンダ・グラットン著：『ワーク・シフト　孤独と貧困から自由になる働き方の未来図』、プレジデント社、2012
・ダニエル・ピンク著：『フリーエージェント社会の到来　雇われない生き方は何を変えるか』、ダイヤモンド社、2002
・ビル・バーネット＆デイブ・エヴァンス著：『ライフデザイン　スタンフォード式最高の人生設計』、早川書房、2017
・出川　通著：『75歳まで働き愉しむ方法　自分ロードマップで未来が見えてくる』、言視舎、2015
・浅賀桃子著：『IT技術者が病まない会社をつくる　メンタルヘルス管理マニュアル』言視舎、2021
・ダニエル・ピンク著：『モチベーション3.0　持続する『やる気！』をいかに引き出すか』、講談社、2015
・藤井　薫著：『働く喜び　未来のかたち：転職市場の最前線から『未来のはたらく』が見えてくる』、言視舎、2018
・出川　通著：『知的自営業のすすめ　技術者の独立コンサルタント入門講座』言視舎、2021
・出川　通著：『理系人生　自己実現ロードマップ読本』言視舎、2015（初版2008）

[著者]

出川通（でがわ・とおる）

株式会社テクノ・インテグレーション代表取締役社長。島根県出身、東北大学大学院工学研究科修了、工学博士。大手重工会社の研究職として入社、技術企画、経営企画、事業企画の経験を積んでいくつかの新事業を立ち上げる。

52歳で企業を卒業、独立しMOT(技術経営)やイノベーションのマネジメント手法を用いて多数の大中小企業むけに開発・事業化のコンサルティングや研修などを行なう。その時に多くの中間管理職の定年前後の相談に乗りライフデザインの必要性を痛感する。

早稲田大学・東北大学・島根大学・大分大学・香川大学などの客員教授や多数の大学・高専での非常勤講師などで学生、社会人、中小企業・ベンチャー経営者に講義すると共に複数のベンチャー企業の役員、経産省、文科省、農水省、NEDO、JST各種評価委員、またNPOテクノ未来塾理事、富士生涯大学校ライフデザイン生涯支援センター長も兼任。

著書もイノベーション関係を中心に、人生100年時代の愉しみ方、地域紹介、古代技術、江戸のイノベーター、神社関連を含めて30冊以上あり、最新刊は『「知的自営業」のすすめ』言視舎刊、2021。

連絡先：degawa@techno-ig.com

浅賀桃子（あさか・ももこ）

ベリテワークス株式会社代表取締役／代表カウンセラー。神奈川県出身、慶應義塾大学卒業後、東証一部上場ITコンサル会社などで人事全般に従事。社会保険労務士事務所転職後は労務・年金コンサルティングを担当。その後ベンチャー企業役員などを経て卒業し独立。2014年に法人化しカウンセリング・人事労務・システム開発事業を行っている。経営者・人事・現場の3者の立場が分かることを強みにサポートを続けており、これまでのカウンセリング実績は延べ5,000名超。キャリア＝人生そのものという考え方から、メンタルヘルスを含むライフデザインの重要性を伝えている。

ヒューマンアカデミー社メンタルヘルス・ケア講座監修をはじめ、各種団体・企業にてストレス・メンタルヘルス・キャリアデザインなどのセミナー・講演を実施。ライフデザインに関連する記事執筆、インタビューも行う。アジア太平洋キャリア開発協会（APCDA）理事、富士生涯大学校ウェルネスビジネス支援センター長も兼任。最新刊は「IT技術者が病まない会社をつくる―メンタルヘルス管理マニュアル」言視舎刊、2021

公式ホームページ：https://veriteworks.co.jp/

装丁………佐々木正見
DTP制作………REN
編集協力………田中はるか

[図解]ライフデザインの教科書
自立をささえるキャリア、メンタル、ファイナンス講座

発行日❖2021年7月31日　初版第1刷

著者
出川通　浅賀桃子

発行者
杉山尚次

発行所
株式会社言視舎
東京都千代田区富士見2-2-2 〒102-0071
電話03-3234-5997　FAX 03-3234-5957
https://www.s-pn.jp/

印刷・製本
中央精版印刷㈱

ISBN978-4-86565-204-8 C0036